AMERICA
MEXICANA

Der Ball ist rund

Kreis Kugel Kosmos

HGoltzius inuent. et excud.
Iohan Muller sculptor
Principio Omnipotens immensi conditor orbis
Esse polum iussit terraq; immobile pondus.
Hinc lucem tenebris remouet, noctemq; diemq;
Nuncupat; et longis spacys mox segregat vndas,
Æquora secernit terris; vos Lunaq; solq;
Præfectos dedit; hinc animalia cuncta creauit.
Post hæc natus homo est celesti afflatus ab; aura,
Diuinæ consors mentis, dominusq; priorium.
F. Estius. A°. 1589

Der Ball ist rund
Kreis Kugel Kosmos

Herausgegeben von

Moritz Wullen und Bernd Ebert

S M
B Staatliche Museen
zu Berlin

HUMBOLDT-UNIVERSITÄT ZU BERLIN

Diese Publikation erscheint anlässlich der Ausstellung

Der Ball ist rund – Kreis Kugel Kosmos
Eine Ausstellung der Staatlichen Museen zu Berlin
und der Humboldt-Universität zu Berlin

S M
B Staatliche Museen
zu Berlin

Pergamonmuseum, Museumsinsel Berlin
8. Juni – 27. August 2006

Kunsthalle Würth, Schwäbisch Hall
Sommer 2007

Mit freundlicher Förderung durch die Adolf Würth GmbH & Co. KG
Weitere Unterstützung durch Museum&Location GmbH

Kuratoren: Moritz Wullen und Bernd Ebert
Kuratorische Assistenz: Christina Thomson und Bettina Schaschke
Wissenschaftliche Ausstellungskoordination: Maren Eichhorn
Ausstellungsbüro: Andrea Müller

Gesamtredaktion: Rolf H. Johannsen
Lektorat: Rolf H. Johannsen und Christina Thomson

Gestaltung: Holger Stüting, allstarsdesign.de, Berlin
Druck und Bindung: Medialis Offset GmbH, Berlin

Titelbild oben: Jeff Koons, Soccerball (Molten), siehe S. 69;
unten: Hendrick Goltzius nach Cornelis van Haarlem, Ikarus, um 1588, Kupferstich,
Durchmesser 33,1 cm, Staatliche Museen zu Berlin, Kupferstichkabinett, Inv. 790-11.
Frontispiz: Jan Harmensz. Muller nach Hendrick Goltzius, Die Erschaffung der Welt, siehe S. 29.
Vorsatz: Pieter de Ring, Stillleben mit Musikinstrumenten (Ausschnitt), siehe S. 53.
Nachsatz: Rad der Existenzen mit Yama, Tibetisches Rollbild (Ausschnitt), siehe S. 101.

Die Deutsche Bibliothek verzeichnet diese Publikation in der Deutschen Nationalbibliographie;
detaillierte Daten sind im Internet über http://dnb.ddb.de abrufbar.

www.smb.museum
www.MuseumShop.de

ISBN 3-88609-533-9
Printed in Germany

Inhalt

Vorwort

„Der Ball ist rund“ – diese berühmte Einsicht von Sepp Herberger ist von tiefer Weisheit, die weit über das Fußballfeld hinausreicht. Obwohl oder gerade weil die Fußballweltmeisterschaft 2006 in Berlin bereits ihre übliche Kunstausstellung zum Thema Fußball hinter sich hat, brav und bieder, wurde wieder alles motivisch irgendwie mit dem Fußball in Verbindung Stehende zusammengetragen, gerade weil eine solche Ausstellung bereits hinter uns liegt, nehmen wir Sepp Herbergers unüberbietbar tiefe Weisheit zum Ausgangspunkt einer ganz anderen Ausstellung, die einfach und ausschließlich nur vom Runden handelt, von dem, was Fußball so unberechenbar und so einzig aufregend macht.

Zur Fußballweltmeisterschaft 2006 stellen also die Staatlichen Museen zu Berlin im Pergamonmuseum, dem meistbesuchten Museumstempel der Berliner Museumsinsel, in einer beispielhaften Kooperation mit der Humboldt-Universität zu Berlin zwei der bedeutendsten Symbole der Menschheit in den Mittelpunkt einer Ausstellung von eindrucksvollem Format: Kreis und Kugel. Meisterwerke aus allen Häusern der Staatlichen Museen zu Berlin und einzigartige Objekte aus den Sammlungen der Humboldt-Universität verbinden sich in dieser Schau zu einem ideengeschichtlichen Panorama des Runden, das alle Epochen und alle Kontinente umfasst.

Von den frühesten Kulturen bis in unsere Gegenwart steht die Geometrie von Kreis und Kugel symbolisch für die Ordnung der Welt, ihre Berechenbarkeit wie ihre Unberechenbarkeit und Hinfälligkeit. Im Bild des Runden, in der Geometrie von Kreis und Kugel, gewinnen die Grundfragen nach den Gesetzen des Kosmos, von Macht, Zeit, Schönheit, Spiel und Zufall unvergängliche Gestalt. Gerade im Jahr der Fußballweltmeisterschaft verlebendigt sich diese zeitlose Bedeutung von Kreis und Kugel mit elementarer Anschaulichkeit. Der Ball wird zur Projektionsfläche der Hoffnungen und der überschäumenden Gedankenflüge – über alle geographischen und nationalen Grenzen hinweg, zu einem Sinnbild der Menschheit und ihrer Welt- und Lebensorientierung schlechthin.

Auch für die Staatlichen Museen zu Berlin und die Humboldt-Universität zu Berlin ist dies der Zeitpunkt, mit einer solchen Ausstellung ein herausragendes Zukunftsprojekt ins Zentrum der öffentlichen Aufmerksamkeit zu stellen: das Humboldt-Forum. Ziel des Projekts ist ein interdisziplinäres Forum der außereuropäischen Kunst und Kulturen auf dem einstigen Schloss-Areal in der historischen Mitte Berlins. Gemeinsam mit der Museumsinsel als Universalmuseum der europäischen Hochkunst wird das Humboldt-Forum als Universalmuseum unserer außereuropäischen Sammlungen ein Weltort der Künste und der Wissenschaften sein, wie er weltweit einzigartig ist. Sammlungsübergreifende und dialogische Ausstellungsereignisse zu den großen Themen der Weltkunst werden hier eine entscheidende Rolle spielen. Mit der Ausstellung *Der Ball ist rund – Kreis Kugel Kosmos* gewinnt diese Zukunft erneut programmatische Präsenz.

Wie das Projekt „Humboldt-Forum“ ist auch eine solche Ausstellung nur als Kooperation der großen Museums- und Forschungseinrichtungen zu verwirklichen. Möglich wurde sie erst durch das gemeinsame Engagement der Staatlichen Museen zu Berlin und der Humboldt-Universität zu Berlin. In der Tradition der Brüder Alexander und Wilhelm von Humboldt gehen Kunst und Wissenschaft eine zukunftsweisende Verbindung ein. Die Auswahl der Werke, ihre wissenschaftliche Bearbeitung und ihre Inszenierung sind das Ergebnis eines regen Austauschs der Kollegen und Sammlungen beider Einrichtungen. Ihnen allen sei an dieser Stelle für die Großzügigkeit ihrer Leihgaben, ihre inspirierenden Beiträge und ihren begeisternden Zuspruch herzlich gedankt.

Der besondere Dank geht an die Adolf Würth GmbH & Co. KG. Ohne sie, ohne das Engagement von Reinhold Würth, hätte die Ausstellung *Der Ball ist rund* niemals ihren Weg ins Tor gefunden. Erst mit der finanziellen Unterstützung durch die Adolf Würth GmbH & Co. KG ist dieses ambitionierte Projekt Wirklichkeit geworden. Auf Seiten der Staatlichen Museen zu Berlin geht ein großer Dank an Moritz Wullen und Bernd Ebert, die gemeinsam die Ausstellung konzipiert haben, sowie an die Kollegen Rolf H. Johannsen, Andrea Müller, Bettina Schaschke und Christina Thomson. Auf Seiten der Humboldt-Universität zu Berlin gilt der Dank besonders dem Direktor des Hermann von Helmholtz-Zentrums für Kulturtechnik, Jochen Brüning, und den Mitarbeitern der Abteilung „Das Technische Bild“ Matthias Bruhn, Vera Dünkel und Birgit Schneider, die dieser Ausstellung ihre Inspirationskraft mit großem Engagement gewidmet haben, sowie allen beteiligten Kustoden der Humboldt-Sammlungen.

Prof. Dr. Peter-Klaus Schuster

Generaldirektor
Staatliche Museen zu Berlin

Prof. Dr. Horst Bredekamp

Humboldt-Universität und
Wissenschaftskolleg zu Berlin

Kreis Kugel Kosmos – die Idee – die Ausstellung

Moritz Wullen

Der menschliche Kommunikationsraum bietet eine nahezu unendliche Fülle von Möglichkeiten. Alles Denkbare wird gesagt und behauptet. Dennoch entstehen in diesem Möglichkeitsraum Bereiche von besonderer Schwerkraft. Sie ziehen die Kommunikation magisch an. Es geht um die großen Daseinsrätsel: Was ist der Kosmos, welche Mächte bestimmen sein Geschick, welchen Gesetzen gehorchen Raum und Zeit, wie entsteht Ordnung in einer Welt des Zufalls und der unübersehbaren Wechselspiele (Abb. 1)? Diese Themen sind – so der wissenschaftliche Terminus – ‚anthropologisch konstant'. Sie bestimmen das menschliche Denken seit Jahrtausenden, haben den Untergang ganzer Zivilisationen überlebt und beschäftigen uns noch heute.

Mit dem Phänomen der anthropologischen Konstanz ist noch ein anderes verknüpft: Im Einzugsbereich solcher Themen wie „Kosmos", „Macht", „Zeit", „Schöpfung" oder „Spiel und Zufall" treten gewisse bildliche Denkfiguren in auffallender Häufigkeit und Dichte auf, nämlich Kreis und Kugel. Eindrucksvolle Beispiele finden sich im Katalogteil dieser Publikation. Viele stammen aus den Sammlungen der Staatlichen Museen zu Berlin und sind nicht mehr als eine knappe Auswahl. Dennoch machen sie hinreichend klar, dass unterschiedlichste Kulturen völlig unabhängig voneinander eine notorische Vorliebe für Kreis und Kugel entwickelten. Auf der Suche nach einem passenden Begriff für dieses Phänomen wird man in der Evolutionsbiologie fündig: Delfine, Pinguine, Makrelenhechte haben identische Merkmalstypen (Flossen, hydrodynamischer Körperbau) ausgebildet, ohne auch nur im Entferntesten miteinander verwandt zu sein. Sie sind – dies der zweite wissenschaftliche Terminus – ‚konvergent'.[1]

Kreis und Kugel stehen also nicht deshalb im Mittelpunkt dieser Publikation, weil sie so schön rund und glatt sind. Sie interessieren vielmehr als eindrucksvolle Beispiele für Konvergenz und anthropologische Konstanz in der menschlichen Kultur – Kontinente und Epochen übergreifend. Das klingt zugegebenermaßen sehr wissenschaftlich. Allemal sind beide Phänomene von entscheidender Bedeutung für die Globalisierung unserer modernen Bilderwelt. Ob in Tokio, Neu-Delhi, New York oder Berlin – es herrscht ein universaler Konsens, dass sich die Zeiger einer Uhr im Kreis bewegen, der Todesstern von Darth Vader in *Star Wars* als Symbol einer größenwahnsinnigen Machtanmaßung zu verstehen ist und dass die sich drehende Kugel im Wartezeichen-Popup eines Nokia-Handys keine Melone, sondern die Weltkugel symbolisiert. Die Entwicklung eines solch globalen Bildverständnisses ist alles andere als selbstverständlich. Über Jahrtausende hinweg haben Konvergenz und anthropologische Konstanz für diese Weltsprache der Bilder die Voraussetzungen geschaffen. In der Art eines Werbe-Slogans könnte man fast sagen: Sie sind die Vergangenheit, die unsere Zukunft möglich macht.

Was diese Zukunft von Kreis und Kugel anbetrifft, sind die Prognosen durchaus positiv. Wir stehen am Beginn eines Jahrhunderts, in dem das Denken wie nie zuvor auf diese Bildmetaphern angewiesen ist. Im 19. und frühen 20. Jahrhundert hatten lineare Sensationen (Eisenbahn, Fortschritt, „Reise zum Mittelpunkt der Erde") zwischenzeitlich eine gewisse Dominanz. Mittlerweile feiern zirkuläre Vorstellungen in den Natur- und Kulturwissenschaften eine unerwartete Renaissance. Ausschlaggebend hierfür ist die Entdeckung eines Phänomens, das mehr und mehr zum Faszinosum wird: die Selbstorganisation.

Abb. 1 Damien Hirst (geb. 1965)
beautiful exploding turquoise nebula painting, 1998
Acrylfarbe, Münzen auf Leinwand,
Durchmesser 183 cm
Staatliche Museen zu Berlin,
Nationalgalerie, Sammlung Marx

Als selbstorganisierend wird ein System bezeichnet, wenn es seine Ordnung nicht von außen erhält, sondern selbst generiert. Berühmtestes Beispiel ist der in den 1970er Jahren entdeckte Hyperzyklus von RNA- und Proteinmolekülen.[2] Erstmals wurde beschrieben, wie Ordnung in der Natur spontan entstehen kann: Chemische Prozesse wirken durch zirkuläre Rückkopplungen aufeinander, die ihrerseits in übergeordnete Rückkopplungsprozesse (so genannte Hyperzyklen) eingebunden sind. Derart bilden sich stabile Ordnungen, ohne dass das ständige Eingreifen eines göttlichen Schöpfers notwendig ist. Zum Vergleich wird oft der Konzertsaal angeführt, in dem sowohl die Rückkopplung der Geiger untereinander, als auch die Rückkopplung der Geiger als Gruppe mit anderen Gruppen des Orchesters (Flötisten, Bratschisten usw.) die Klangordnung einer Symphonie hörbar machen.

Dieses Prinzip der Selbstorganisation hat in den letzten Jahrzehnten ganze Wissenschaftszweige in Beschlag genommen.[3] Die Konsequenzen reichen bis in die Alltagskommunikation. So weiß zum Beispiel heutzutage jeder, dass Ökosysteme höchst sensible Gebilde sind, in denen die Ordnung durch die Wechselwirkung ihrer Komponenten permanent aufs Neue erzeugt werden muss. Die Komplexität solcher Systeme ist ungeheuer, nicht vorstellbar und auch nicht berechenbar. Nie lässt sich voraussagen, was geschieht, wenn nur eine Komponente verändert wird. Gleiches gilt für Systeme in der Wirtschaft, Wissenschaft, Kultur, aber auch für Konvektionsströme im Erdinneren, für Sonnensysteme oder Galaxien. Informationen über die zyklischen Zusammenhänge solch selbstorganisierter Systeme sind höchstens scheibchenweise zu gewinnen.

Das am weitesten verbreitete Layout für solche Informationsscheiben ist das Kreislaufdiagramm. Ein Beispiel unter vielen ist das Schema zum Problemkreis Schmerz – Angst – Depression (Abb. 2).[4] In diesem Fall bezieht sich die Darstellung auf die menschliche Psyche als ein System, das sich genauso wie alle anderen Systeme über Rückkopplungsschleifen mit der Umwelt selbst organisiert. Allerdings geht es nicht um die Visualisierung der Psyche als Ganzes. Das wäre auch nicht möglich. Vielmehr wird aus dem multidimensionalen Vektorraum aller möglichen Rückkopplungen ein zweidimensionales Gebilde herausgeschnitten, das zumindest eine einzige Wechselwirkungsschleife sichtbar macht, nämlich den Zyklus von Schmerz, Angst und Depression. Vergleichbare Schnitte produziert die Wissenschaft heute in allen Bereichen Tag für Tag, in tausendfacher Variation – wie ein gigantischer Computertomograph. Dabei liegt auf der Hand, dass das Gesamtsystem auch nach der millionsten Schnittebene noch immer nicht komplett erfasst ist. Schließlich ist die Körperlichkeit einer Ebene gleich Null und selbst ihre Multiplikation mit Unendlich ergibt noch immer kein greifbares Ganzes.

Dieser Fruchtlosigkeit zum Trotz bleibt der Kreis die überzeugendste Denkfigur in einem sich selbst organisierenden Universum. Selbst auf dem unanschaulichsten Tummelplatz aller Wissenschaften, der Quantenphysik, gewinnt sie neue Attraktivität. Es ist sogar abzusehen, dass der gute alte Kreis in Zukunft Quantenmechanik und Astrophysik revolutionieren wird. Ausgangspunkt ist die unter anderem von Abhay Ashtekar und Lee Smolin entwickelte „Schleifen-Quantengravitationstheorie".[5] Ihr zufolge sind Raum und Zeit entgegen der geläufigen Vorstellung keine universellen Felder, sondern das Produkt sich selbst organisierender ringförmiger Gebilde mit dem maximalen Durchmesser einer Planck-Länge (10^{-33} Meter). Innerhalb dieser Schleifen treten Raum und Zeit auf der Stelle und erzeugen erst in zyklischen Wechselwirkungen mit anderen Schleifen jene Raumzeit, in der wir jeden Morgen ganz selbstverständlich aus dem Bett steigen. Hatte noch in den 1990er Jahren die „Superstring"-Theorie das Zukunftsmonopol, wird mit einem Mal der „Loop" zum neuen Paradigma.[6] Um es salopp zu formulieren: Der Kreis verdrängt den Faden.

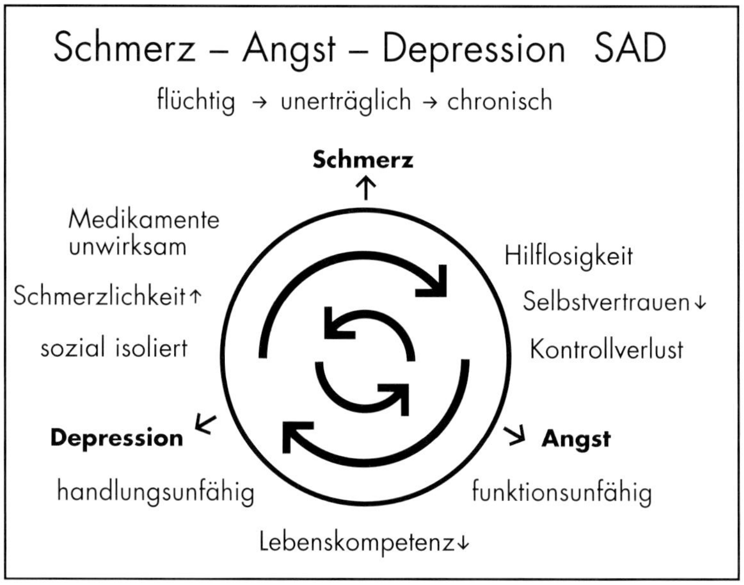

Abb. 2 Karl F. Clarenbach, Problemkreis Angst – Schmerz – Depression

Mit den aktuellen wissenschaftlichen Perspektiven verbindet sich die beunruhigende Erkenntnis, dass alles in diesem Universum selbstbezüglich um die eigene Achse kreist. Sogar die Raumzeit konstruiert sich selbst im Zirkelschluss. Das menschliche Bewusstsein, das mit großer Energie solche Perspektiven entfaltet, stellt als Bestandteil des Universums mit Sicherheit keine Ausnahme dar. Vielleicht läuft es mit diesen Weltbildern erst recht im Kreis. Das Denken, so die Botschaft einer recht drastischen Zeichnung von Dieter Roth, ist im schlimmsten Fall nur gequirltes Exkrement (Abb. 3).

Mag sein, dass das Gespür für diese Vergeblichkeit der philosophisch-wissenschaftlichen Weltausdeutung ebenso alt ist wie das Nachdenken über das Woher und Warum von Kosmos, Zeit, Macht, Schöpfung, Spiel und Zufall. Die zum Teil Jahrtausende alten Kreis- und Kugelkosmologien legen zumindest eine solche Vermutung nahe. Einen ersten Einblick geben dieser Katalog und diese Ausstellung.

Abb. 3 Dieter Roth, Ohne Titel (Souvenir), 1973
Bleistift auf Papier, 67 x 74,5 cm, Staatliche Museen zu Berlin, Kupferstichkabinett, Inv. GGB 7-2005

1 Ernst Mayr, Das ist Evolution, München 2005.
2 Manfred Eigen, Molekulare Selbstorganisation und Evolution (Selforganization of matter and the evolution of biological macro molecules), in: Naturwissenschaften, 58 (10), 1971, S. 465-523.
3 Die Literatur ist mittlerweile unübersehbar. Einen Überblick geben unter anderem Stuart A. Kauffmann, The Origins of Order. Selforganization and Selection in Evolution, Oxford 1993 und Elisabeth Göbel, Theorie und Gestaltung der Selbstorganisation, Berlin 1998.
4 Hubert Kuhs, Depression und Angst. Psychopathologische Untersuchungen des Angsterlebens melancholischer und neurotischer Kranker (Monographien aus dem Gesamtgebiete der Psychatrie; 59), Berlin u. a. 1990.
5 Lee Smolin, Quanten der Raumzeit, in: Spektrum der Wissenschaft, 3, 2004, S. 54-63.
6 Eine leicht lesbare Einführung in die Superstring-Theorie findet sich in Murray Gell-Mann, Das Quark und der Jaguar. Vom Einfachen zum Komplexen – die Suche nach einer neuen Erklärung der Welt, München 1995.

Fuß, Fortuna, Ball, oder: Platons Prinzip des Handicap

Der Kugelkörper und die Defizite der Vollendung

Horst Bredekamp

Aus allen Kulturen, vom vorkolumbischen Mexiko bis zum alten China,[1] sind Darstellung von Spielern überliefert, die einen Ball mit dem Fuß in der Luft halten (Abb. 1). Die Eleganz der Bewegung von Männern wie Frauen steht in all diesen Szenen im Kontrast zum Auslöser: dem Fuß. Dieser Zwiespalt ist geblieben. Warum der Fuß, warum gerade dieses Gebilde? Anatomisch ein Wunderwerk der organischen Mechanik, ist seine Gestalt eher unförmig, attraktiv nur für die Leidenschaft von Fetischisten. In Verbindung mit Bällen aber verkehrt sich das Defizit in Reichtum.

Der Grund für diese Paradoxie erschließt sich über Platons *Timaios*. In diesem enigmatischen Mischtext aus Dichtung, Philosophie und Naturwissenschaft liegt der Schlüssel für die Attraktivität der Kugel. Platon hat festgestellt, dass der Kosmos ein vom göttlichen Werkmeister gebildeter Körper in Kugelform sei, dem der Demiurg Seele und Vernunft verliehen habe, damit er zur Ordnung und daher zur Schönheit komme. Das All sei ein vollkommenes, in sich selbst genügsames, kugelförmiges Lebewesen.[2] Als Abbild des Kosmos sei auch der Mensch und vor allem sein Kopf als wertvollster Teil des Körpers als Kugel gebildet worden: „Um die runde Gestalt des Weltganzen nachzubilden, knüpften sie die beiden göttlichen Umläufe an einen kugeligen Körper, denselben, den wir jetzt Kopf nennen, das Gottähnlichste und über alles in uns Gebietende."[3]

Mit der Vollendung der kosmischen Menschenkugel sei aber das Problem verbunden gewesen, dass diese Rundform weder willentlich zu halten noch zu befördern gewesen sei, weil sie wahllos die Abhänge heruntergerollt oder in Senken liegen blieb. Um dem abzuhelfen, „dehnte sich der Körper in die Länge und ließ, indem der Gott auf Gehwerkzeuge für ihn bedacht war, vier ausgestreckte und biegsame Glieder aus sich hervorwachsen."[4] Die menschlichen Extremitäten waren demnach ein Produkt der Unfähigkeit des vollendeten Körpers, gezielt bewegt zu werden. Arme und Beine, Hände und vor allem Füße hatten den Sinn, den eigenen Kugelleib beherrschen zu lernen.

Platons Schöpfungsmythos hat märchenhafte Züge, die gerade in ihrem Fabelcharakter ihre Suggestion bewahrt haben, zumal sie dem Lauf der Evolution nicht widersprechen, dass sich die Gliedmaßen den Erfordernissen der Bewegung angepasst hätten. Der Clou der gestreckten menschlichen Gestalt liegt Platon zufolge darin, dass sie das Handicap ihrer vollendeten Kugelform bewältigt habe.

Der Fuß und das Extrem der Vollendung

Dieses Motiv wiederholt sich auf der Ebene der Hierarchie von Hand und Fuß. Die unspezifische Hand, um die in ausgestreckter Form ein Kreis zu schlagen ist, kann den Ball relativ schnell beherrschen, und zumindest das Fangen, Halten und Weitergeben gelingt in der Regel bereits nach kurzer Übung.

Anders beim Fuß. Da sich die Zehen nicht um die Kugel zu schließen vermögen, bleiben auf der konvexen Außenseite des Fußes nur kleine Aufprallflächen, die über die Bahn des Balls entscheiden. Dies ist das Wunder. Wie sich zwei gerundete Flächen so zueinander verhalten, dass ihr Aufprall nach Richtung und Geschwindigkeit kontrollierte Bahnen erzeugt, gehört zu den Rätseln der organischen Physik. Sowie aus dem Jonglieren des Balls ein gemeinschaftlich betriebener Wettkampf wird, wird der Fuß zudem beschuht. Diese Umhüllung aber kostet

Sensibilität, und damit steigt das Problem, eine Kugel mit dem so unförmigen wie unsensiblen Gebilde namens Fuß passgenau zu befördern.

In dieser Schwierigkeit liegt das Faszinosum. Der spezialisierte Fuß überwindet sein Handicap, zur Ballbeherrschung weniger gut ausgestattet zu sein als die Hand. Wie die Leibeskugel des platonschen Urmenschen in ihrer Vollendung nicht beherrschbar war, so ist reziprok der Fuß in seiner spezialisierten Verkrüppelung kaum fähig, den Ball zu regieren. Um funktionieren zu können, treten beide in ihr gegensätzliches Extrem: der Urkörper verliert seine Kugelgestalt, und der Fußklumpen lernt sich die Kugel zum Freund zu machen. Komplementär arbeiten beide, der Kugelkörper und der Fuß, mit ihren Gegensätzen. Hierin liegt der Reiz des Fußballs: Vollendung durch Überwindung eines Handicaps und damit symbolische Rückkehr zur Urgestalt der Harmonie.

Abb. 1 Du Jin (tätig um 1465 bis 1509), Hofdamen beim Fußballspiel im Palastgarten
Handrolle (Ausschnitt), Tusche und Farben auf Seide, Höhe 30,5 cm, Gesamtlänge 168,9 cm, Shanghai Museum

Instabilität und Ungewissheit

In Form von Kugel und Bällen, die mit Flügeln versehen waren und dadurch noch weniger kontrolliert werden konnten als das bloße Rund, erhielt Platons Schöpfungsmythos eine übersteigerte Bildtradition.

Eine Fundgrube dieser Ikonographie bietet mit der im Jahre 1499 in Venedig publizierten *Hypnerotomachia Poliphili* eine der schönsten Buchpublikationen der Renaissance. So zeigt einer ihrer Holzschnitte eine Kugel mit zwei Flügeln und dem Gesicht des Liebesgottes Amor (Abb. 2), der wie kein zweiter Gott die Weisheit verkörpert, dass es keine Sicherheiten gibt, weil das Schicksal den Menschen und nicht der Mensch das Fatum ergreift.[5] Nihil firmum – „nichts ist gewiss“ – bekräftigt eine andere, mit Flügeln versehene Kugel als Motto.[6] Die Verbindung der Kugel mit dem freien Flug der Flügel radikalisiert das platonsche Prinzip, dass die Kugel der Vollendung sich selbst nicht zu beherrschen vermag. Alles kommt darauf an, ihren Lauf zu beobachten, sich zu ihr sympathetisch zu verhalten und den rechten Moment abzuwarten.

Ein Fresko der Mantegna-Schule aus dem Palazzo Ducale von Mantua hat dieses Gebot inszeniert (Abb. 3). Mit dem linken Fuß balanciert eine Frauengestalt auf einer Kugel, bei der offen gelassen ist, ob die Flügel ihr angeheftet sind oder zum Fuß der Jongleurin gehören. Mit ihrem kahlen Hinterkopf und dem ins Gesicht fallenden Haarschopf verkörpert sie die „Gelegenheit“, Occasio.[7] Diese fintenreiche Göttin spielt mit den Menschen das Erjagen. Sie läuft an ihnen vorbei, und wer sie früh zu packen sucht, erwischt nur Luft; wer aber zu spät kommt, den bestraft der kahle Hinterschädel: die Hand rutscht ab ins Leere. Nur wer im rechten Moment den Schopf ergreift, vermag Occasio zu nutzen.[8] Damit der rechts postierte, mit beiden Händen zum Greifen bereite Junge sie nicht verfehlt, hält ihn die Weisheit zurück.[9]

Platons Motiv, dass die Vollendung der Kugelgestalt auch die Willkür der Bewegung mit sich bringt, die zu beherrschen gelernt sein will, ist in Gestalt der balancierenden Occasio und dem abschätzenden Jungen zu einer besonders eindrucksvollen Bildform geworden. Nichts verbindet Occasio zunächst mit dem Fußball, aber das Prinzip, eine vollendet runde, beflügelte Kugel zu beherrschen, gleicht seinem philosophischen Prinzip.

Abb. 2 Anonym, Trophäe der Hypnerotomachia Poliphili (Ausschnitt), 1499
Holzschnitt

Kosmos – Cosimo – Ball

Die platonsche Kugel besaß immer diese zwei Seiten. Während sie als Abbild kosmischer Vollendung in besonderer Weise befähigt war, die globale Herrschaft zu verkörpern,[10] forderte sie als rollendes Rund ihre eigene Beherrschung. Für beide Seiten bietet das historische Florenz einen besonderen Ort.

Während seiner Jahre in Padua und Venedig hat Galileo Galilei das Ziel verfolgt, an den Hof der Medici als Mathematiker zu gelangen und damit in seine Heimatstadt zurückzukehren. Er kaufte im Jahre 1608 einen runden Magnetstein, um diesen anlässlich der Hochzeit Cosimos II. de'Medici mit Verweis auf Platon als Imprese vorzuschlagen: „zuerst, weil die Bälle ein altes Wappen des Medici-Hauses sind, und außerdem, weil vom größten Philosophen ausführlich beschrieben und durch schlagende Beweise bestätigt ist, dass unsere irdische Welt in ihrer ersten und universalen Substanz nichts ist außer einer großen Magnetkugel; und da der Name *Cosmo* [Kosmos] dasselbe bedeutet wie *mondo* [Welt], könnte man unter der höchst ehrwürdigen Metapher der Magnetkugel unseren großen Cosimo verstehen“[11]. In einer kühnen Assoziation hatte Galilei die Kugelgestalt des Kosmos mit dem Namen des Medici-Herrschers, Cosimo II., den sechs Kugeln des Wappens der Medici und dem runden Magnetstein verbunden.

Wenige Jahre später hat Giorgio Coresio, ein Pisaner Graecist und Aristoteliker, eine ähnliche Argumentationskette vorgelegt, die allerdings nicht in der Magnetkugel, sondern dem Fußball endete. Als ein Fachmann dieses Sportes legte Coresio eine Geschichte des Florentiner Fußballs vor, in der er an die herrschenden Medici als Träger und Förderer dieses Sportes appellierte. Der Calcio, eine Mischung aus Rugby und Fußball, war eine Art Staatssport geworden, weil die Medici diese Art der körperlichen Ertüchtigung als sportliche Feier ihrer eigenen Emblemwelt empfanden; im Ball des Calcio erkannte sie ein Element ihrer Wappenkugeln.

Abb. 3 Schule des Andrea Mantegna, Occasio und Minerva, Ende 15. Jahrhundert
Fresko, Mantua, Museo della Città, Palazzo San Sebastiano

Auch Coresio zufolge erinnerte der Name von Cosimo II. de'Medici an Cosmo, den Kosmos, der als Globus in der Form des Fußballs eine Entsprechung besäße, und da diese Rundform auch im Wappen der Medici wiederzufinden sei, führe dieser Sport mit jedem Spiel den universalen Herrschaftsanspruch der Medici vor.[12] Diese Argumentationskette vom Fußball über den Medici-Herrscher zum Kosmos tauschte gegenüber Galileis Reihe von der Magnetkugel zu Cosimo II. de'Medici und dem All allein den Fußball gegen den Magnetstein aus.

Galilei muss mit dem Calcio vertraut gewesen sein, weil sein Vater, der Musiker und Musiktheoretiker Vincenzio, unter Giovanni de'Bardi arbeitete, der als Organisator der mediceischen Intermedien und Feste auch für den Fußball zuständig war und in dieser Funktion die erste bedeutende Abhandlung über dessen Regeln und seine Geschichte geschrieben hatte. Eine der Abbildungen aus diesem Buch zeigt die Aufstellung der Mannschaften auf der Piazza di Santa Croce (Abb. 4).[13]

Abb. 4 Mannschaftsaufstellung auf der Piazza di Santa Croce in Florenz, 1580
Stich

Coresios Verbindung des Kosmos mit den Bällen des Calcio und den Emblemkugeln der Medici vollzog die herrschaftliche Adaption des platonschen Mythos über die Kugelform des Kosmos und seiner irdischen Entsprechungen. Galilei und Coresio wurden über Fragen der Naturwissenschaft zu erbitterten Feinden, aber möglicherweise wurde Galileis Zorn auch dadurch angestachelt, dass Coresio ihm die Kugel-Schau gestohlen hatte.[14] Denn im Gegensatz zum eindimensionalen Magnetstein, der in der Konstanz seiner Wirkung auch langweilig wirken konnte, lebte der Florentiner Calcio natürlich auch von jener zweiten Form, die in der Kugel nicht den Vorschein der Vollendung erkannte, sondern die Herausforderung, das Defizit ihrer Beherrschung zu bewältigen.

Als Mischform von Rugby und Fußball konnte der Ball im Calcio auch mit der Hand gespielt werden, aber seinen Namen hatte er dadurch erhalten, dass sich auch der Fuß betätigen konnte. Eine Reportage aus dem 15. Jahrhundert kann den überzeitlichen Stellenwert dieses Umgehens mit der Kugel verdeutlichen. Nachdem der Anführer einer der beiden Mannschaften das Spiel durch einen weiten Flankenball verlagert hat, vermag der Spieler Prior Pandolfini mit dem Ball zu glänzen, indem er ihn zunächst unbedrängt mit dem Fuß in der Luft hält:

> Von Prior wurde der Ball nun wahrhaftig gedreht
> und mit den Füßen ließ er ihn zwei Hopser machen.[15]

Noch keine Mannschaft hat sich eine solche Vorführung bieten lassen, und als der Spieler den Ball fängt, um ihn per Hand zu befördern, wird er von einem Gegenspieler so hart gerempelt, dass er ihn wieder verliert:

> und dann nahm ihn der schmuckvolle Jüngling in die Hand,
> hoffend, ihn bis an die Grenzlinie zu bringen.
> Baccino de Benci aber stieß so an Priorino,
> dass ihm der Ball aus der Hand fiel.[16]

Dieses Ende des langen Gedichtes auf ein Calcio-Spiel lässt nochmals die Hierarchie von Hand und Fuß deutlich werden: das Vertrauen in die Hand führt zum Verlust; brillieren aber kann der Spieler mit dem Fuß. Das abrupte Ende der Reportage lässt den Leser im Kopf mit dem Fuß in glanzvoller Überwindung aller Handicaps weiterspielen, und in Gedanken jagt der Ball in Richtung jenes platonschen Kosmos, den Galilei mit den Medici verbunden hatte.

1) Helmut Brinker, Die Wiege des Fußballs, in: FIFA magazine, 2004, Nr.10, S. 45-48.
2) Platon, Timaios, 33b-34b (hier und im Folgenden in der Übersetzung von Friedrich Schleiermacher und Hieronymus Müller).
3) Ebd., 44d.
4) Ebd., 44e.
5) Francesco Colonna, Hypnerotomachia Poliphili, hrsg. von Marco Ariani und Mino Gabriele, 2 Bde., Mailand 1998, Bd. I, S. 327.
6) Ebd., Bd. I, S. 49. Zur Geschichte des Mottos siehe Horst Bredekamp, Die Stabilität des Instabilen in der Hypnerotomachia Poliphili, in: Ars et scriptura. Festschrift für Rudolf Preimesberger zum 65. Geburtstag, hrsg. von Hannah Baader, Ulrike Müller Hofstede, Kristine Patz und Nicola Suthor, Berlin 2001, S. 17-34.
7) Ehrengard Meyer-Landrut, Fortuna. Die Göttin des Glücks im Wandel der Zeiten, Berlin 1997, S. 154f.
8) Philine Helas, Fortuna-Occasio. Eine Bildprägung des Quattrocento zwischen ephemerer und ewiger Kunst, in: Städel-Jahrbuch, Bd. 17, 1999, S. 112-151.
9) Edgar Wind, Heidnische Mysterien in der Renaissance, Frankfurt am Main 1981, S.121f. Vgl. Rudolf Wittkower, Chance, Time and Virtue, in: ders., Allegory and the Migration of Symbols, London 1977, S. 97-106.
10) Percy Ernst Schramm, Sphaira. Globus. Reichsapfel, Stuttgart 1958.
11) Brief Galileo Galileis an Christina von Lothringen, September 1608, in: Galileo Galilei, Le Opere (Edizione Nazionale), hrsg. von Antonio Favaro, 20 Bde., Florenz 1890-1909 (repr. 1929-39, 1964-1966, 1968), Bd. 10, S. 221-223, hier S. 222; vgl. Horst Bredekamp, Florentiner Fußball: Die Renaissance der Spiele, Berlin 2001, S. 72.
12) Georgio Coresio, Narratio inclyti certaminis Florentinorum graesis versibus, quod apud illos Calcio, apud antiquos vero Arpastum appellantur, Venedig 1611, S. B3; vgl. Bredekamp, Florentiner Fußball (Anm. 11), S. 69ff.
13) Giovanni de'Bardi, Discorso sopra 'l Givoco del Calcio Fiorention, Florenz 1580; vgl. Bredekamp, Florentiner Fußball (Anm. 11), S. 16ff.
14) Bredekamp, Florentiner Fußball (Anm. 11), S. 74-76.
15) "Prior inver la palla fu voltato, / co pie' le fece far duo balzolini", zit. nach Luisa Avellini, Artigionato in versi del secondo Quattrocento fiorentino, in: Gian-Mario Anselmi, Fulvio Pezzarossa und Luisa Avellini (Hrsg.), La "Memoria" dei Mercatores, Bologna 1980, S. 151-242, hier S. 229, Z. 315f.
16) "e in man[o] la prese el giovanetto ornato, / isperando portalla press'a confini; / Baccin[o] de' Benci Priorino urtòe / sì che la palla di man gli cascòe.", ebd. , Z. 317-320.

Die Göttin Buto mit Sonnenscheibe Spätzeit, 26. Dynastie, um 600 v. Chr.
Bronze, 62 x 12 x 28 cm
Staatliche Museen zu Berlin, Ägyptisches Museum und Papyrussammlung, Inv. 13789

Ober- und Unterägypten wurden von den beiden Landesgöttinnen Nechbet und Buto beschützt, die als Uräusschlangen an der Krone des Königs erscheinen. In der Löwengestalt der Kriegsgöttin Sachmet, der Tochter des Sonnengottes Re, übernimmt Buto die Funktion der „Richterin der beiden Länder“, die alle Feinde Pharaos verurteilt und Angreifer vernichtet. Sie trägt die Sonnenscheibe als Symbol für ihre uneingeschränkte kosmische Macht.

Missorium Kaiser Theodosius' I., 388 n. Chr.
Original Silber, Durchmesser 74 cm 1847 bei Almendralejo (Spanien) gefunden (Madrid, Real Academia de la Historia)
Berlin, Abguss-Sammlung Antiker Plastik, Inv. 29/01-IX 140

Die Platte entstand wohl in Konstantinopel als kaiserliches Geschenk an hohe Würdenträger: In der Mitte thront Theodosius I., rechts neben ihm sitzt sein Sohn Arcadius, links Valentinian II. Als Mitkaiser halten beide einen Globus. An den Seiten stehen germanische Leibwachen. Unten lagert Tellus, die Personifikation des fruchtbaren Erdkreises, deren Erträge von Eroten den Kaisern dargebracht werden.

Film-Still aus *Sphere*, USA 1998
Film nach einem Roman von Michael Crichton, Regie: Barry Levinson
Fotografie, 12,7 x 17,8 cm
Stiftung Deutsche Kinemathek – Filmmuseum Berlin, Inv. F 23630 02

Der Science Fiction-Film *Sphere* beschreibt, wie Tiefseetaucher ein versunkenes Raumschiff entdecken, in dem sich eine riesige Kugel verbirgt. Beim Eindringen in die Sphäre werden die Forscher von paranoiden Visionen heimgesucht. Von Außerirdischen beherrscht, birgt die Kugel eine enorme und bedrohliche Macht, die den dunklen Unterwasserkosmos dominiert.

Zeichen der Macht

Das in Gang gesetzte Rad der Lehre, die schwere Kugel in Händen oder zu Füßen sowie die Häupter krönende Sonnenscheibe: mit dem Runden kennzeichneten Menschen in verschiedensten Kulturkreisen göttliche Macht. Dabei ist zu unterscheiden zwischen der Kugel als Chiffre für das Terrain der göttlichen Herrschaft und dem Kreis als Symbol für das Vollkommene, das der Mächtige verwirklichte. Die hinduistischen Götter Shiva und Vishnu verkörpern und beherrschen den Rhythmus der Schöpfung in Gestalt des Rades der ewigen Wiederkehr oder der kreisrunden Lotusblüte. Der Buddhismus nahm beide Bilder auf, wandelte sie jedoch um. Wie die aus dem Morast emporgewachsene Lotusblume steht der von allem Weltlichen geläuterte Mensch, nun Herr seines reinen Selbst, nach Befolgen des ‚edlen achtfachen Pfades' da. Die acht Speichen verleihen dem Rad der Lehre Buddhas Stabilität und Wirkmächtigkeit. Im Abendland wurde die Kugel Attribut der Götter. In erster Linie stellte sie den vollkommenen Kosmos dar, den diese beherrschten. Vor allem gehörte die ‚sphaira' (der griechische Begriff für Kosmos) in die Hand des Apollon bzw. Helios. Von dieser Darstellungstradition wurde sie zu den römischen Imperatoren weitergereicht, die sich in ihrer Haltung und ihren Attributen den Göttern anpassten. Eine ähnliche Übertragung von der göttlichen auf die weltliche Macht lässt sich bei der Transformation der Kugel in der Hand Gottes zum Reichsapfel verfolgen, welcher die Erde symbolisiert, über den die christlichen Herrscher im Auftrag Gottes regieren. Auch in der christlichen Ikonographie ist die Kugel Ausdruck des allumfassenden Machtbereichs Gottes und seines irdischen Stellvertreters. In Anlehnung an Jesaja (Kap. 66, Vers 1): „Der Himmel ist mein Thron und die Erde der Schemel meiner Füße" wurde Christus auf einem Halbkreis thronend, die Erdkugel zu seinen Füßen dargestellt. Macht bezeugt aber nicht nur die Kugel oder das Rad, sondern das Kreisen um das Mächtige ist in verschiedenen Kulturen das Hilfsmittel zu dessen persönlicher Einverleibung. So wird die Kaaba, das Hauptheiligtum des Islam, genauso umkreist wie die buddhistischen Sakralbauten, kreisrunde Stūpa. In der Moderne entlarvten Künstler die Annexion von Macht oder ironisierten deren Pathosformeln wie z. B. Charlie Chaplin beim Spiel mit dem Weltball in *Der große Diktator* von 1940. Die Zahl Fünf ist die des Kreises. Sie wiederholt sich selbst durch Multiplikation. Womöglich steckt im Zentrum des Pentagon, dem Gebäude des amerikanischen Verteidigungsministeriums und Symbol der Militärgroßmacht USA, die Idee des Kreises. Das weltliche Herrschaftszeichen ist hier zur Staatssymbolik geworden.

Bettina Schaschke

Anton Woensam (1493/1500–1541)
Das jüngste Gericht, 1536/37
Öl auf Eichenholz, 86 x 84 cm
Staatliche Museen zu Berlin, Gemäldegalerie, Inv. 1242

Christus hat die Füße auf eine Weltkugel gestellt, unter der Engel zum Jüngsten Gericht blasen. Seitlich vom „Weltenrichter“ knien Maria und Johannes, um für die Seelen der Auferstandenen zu bitten. Seine Arme hat Christus wie einen Waagebalken ausgestreckt. Unter dem gesenkten Arm sind die Verdammten versammelt, über deren Häuptern Teufelsfratzen schweben. Rechts stehen die Seligen. Gerahmt wird die Szene von einem heiligen Bischof und Johannes dem Täufer sowie zwei betenden Geistlichen, die das Bild vermutlich stifteten.

Die drei Schätze
Japan, (späte) Heian-Zeit, 1. Hälfte 12. Jahrhundert
Holz, teilweise vergoldet, Höhe 46,5 cm
Schenkung Felix Tikotin; ehemals Sammlung Ernst Grosse
Staatliche Museen zu Berlin, Museum für Ostasiatische Kunst, Inv. 1971-6

Wie in zahlreichen anderen Religionen gilt auch im Buddhismus das in sich geschlossene Rund des Kreises und der Kugel, welches weder Anfang noch Ende erkennen lässt, als Zeichen der Unendlichkeit und Vollkommenheit. Die dreifache Wiederholung des Motivs weist hier auf die „Drei Schätze", die Trinität von Buddha, buddhistischer Lehre und Mönchsgemeinschaft bzw. Gemeinde. Lotosblütensockel, Flammennimbus und Vergoldung unterstreichen den sakralen Charakter der Skulptur.

Sitzender Buddha in der Geste des Dharmacakramudrā
Gandhāra, 2./3. Jahrhundert n. Chr.
Stein, 55,5 x 29 x 12 cm
Staatliche Museen zu Berlin, Museum für Indische Kunst, Inv. I 46

Die frühe Darstellung zeigt Buddha mit der Geste des Rades der Lehre (Dharmacakramudrā). Diese Handhaltung symbolisiert die Verkündung der buddhistischen Philosophie und Lehre (Dharma). Die Lehre des Buddha soll sich auf der Welt wie ein Rad ausbreiten, so dass alle Menschen sie hören und verstehen können. Denn nur wer die Lehre versteht, findet den Weg aus dem leidvollen Kreislauf der Wiedergeburten (Samsāra). Der große Nimbus des Buddha verdeutlicht seine Erleuchtung und weist gleichzeitig auf das Zentrum des Denkens hin, das zur Erkenntnis und Loslösung fähig ist.

esetz gezeugt, dass sie jene Kugel ... die man Erde nennt, beschützen sollen. Es

Prager Jesulein, Anfang 20. Jahrhundert
Stuck, farbige gefasst, leicht gelackt, 34 x 17 x 8 cm
Staatliche Museen zu Berlin, Museum Europäischer Kulturen,
Inv. N (31 A) 1/1994,7601

Stehende Jesuskinder sind in der christlichen Verehrung insbesondere seit dem 14. Jahrhundert weit verbreitet. Als Andachtsbilder dienten sie der Stärkung des Gebets in mystischer Versenkung. Die segnende Haltung und das Attribut des Reichsapfels sind Zeichen göttlicher Macht. Gleichzeitig spendete die kindliche Figur den Gläubigen Trost und versprach Hilfe in der Not.

Hans Baldung Grien (1484/85–1545)
Christus in der Engelsglorie, um 1519
Holzschnitt, 21 x 12,5 cm, aus *Die große Apostelfolge*, Straßburg, um 1519
Staatliche Museen zu Berlin, Kupferstichkabinett, Inv. 867-2

Umgeben von Engeln in Wolken schreitet Christus majestätisch voran. Als Zeichen seiner Macht hält er in der linken Hand eine Weltkugel, während die rechte im Segensgestus leicht erhoben ist. Ein Nimbus umstrahlt seinen Kopf. Gesicht und Körper gibt Hans Baldung Grien frontal wieder, wodurch die Majestät und Unnahbarkeit Christi noch unterstrichen wird. Heiligenschein sowie Frontalität in der Darstellung und die mit ihr einhergehende Symmetrie sind immer wiederkehrende Zeichen von Macht und Herrschaft.

kugelförmig und rund mit göttlichem Geist beseelt mit wunderbarer Schnellig-

Räucherkugel
Syrien, zweite Hälfte 13. Jahrhundert
Messing, silber- und goldtauschiert, durchbrochen, Durchmesser 15 cm
Staatliche Museen zu Berlin, Museum für Islamische Kunst
(Leihgabe des Museums für Indische Kunst), Inv. I 2774

Die Räucherkugel, ein Statussymbol der arabischen Oberschicht, zeigt Motive des höfischen Lebens: den thronenden Fürsten, Reiter und Musikanten. Der Dichter Ibn Hamdis schildert im 12. Jahrhundert wie aus den Kugeln, die man über Seidenteppiche rollte, Wohlgerüche von Ambra und Sandelholz aufsteigen. Das Räucherwerk befand sich in einem Messingschälchen, das in der Mitte zweier beweglich miteinander verbundener Ringe eingehängt ist und auch bei extremer Bewegung der Kugel seine Position beibehielt (cardianische Aufhängung).

Reliefikone des Erzengels Michael
Konstantinopel, spätes 13. Jahrhundert
Marmor, Höhe 86 cm
Erworben 1899 durch Th. Wiegand in Konstantinopel (Istanbul)
Staatliche Museen zu Berlin, Skulpturensammlung und Museum für Byzantinische Kunst, Inv. 2429b

Der Erzengel Michael, inschriftlich als „Archistrategos Michael“, als „Heerführer Michael“, bezeichnet, trägt ein kaiserliches Gewand und hält Szepter und Sphaira in den Händen. Die Sphaira, eine mit Wellen und einem Kreuz geschmückte Kugel, symbolisiert die Welt. Als Insignie des Kaisers steht sie für weltliche Herrschaft, als Insignie Gottes, als dessen Abgesandter Michael die Sphaira hier trägt, steht sie für die weltumfassende Macht.

Werner Tübke (1929–2004)
Lebenserinnerungen des Dr. jur. Schulze (III), 1965
Tempera auf Leinwand auf Holz, 188 x 121 cm
Staatliche Museen zu Berlin, Nationalgalerie, Inv. A IV 581

In einer Serie von insgesamt elf Werken widmete Tübke sich dem Innenleben eines fiktiven nationalsozialistischen Richters. Dessen Allmacht und Willkür deutet der Maler durch eine Kugel an, wie sie sich in Darstellungen Gottvaters oder Christus als Weltenherrscher findet, sowie in der Figur der sitzenden Fortuna, Herrscherin über das Schicksal. Der Richter – eine Gliederpuppe oder Marionette, der man eine Robe angezogen hat – blickt auf eine Welt aus Gewalt und Tod.

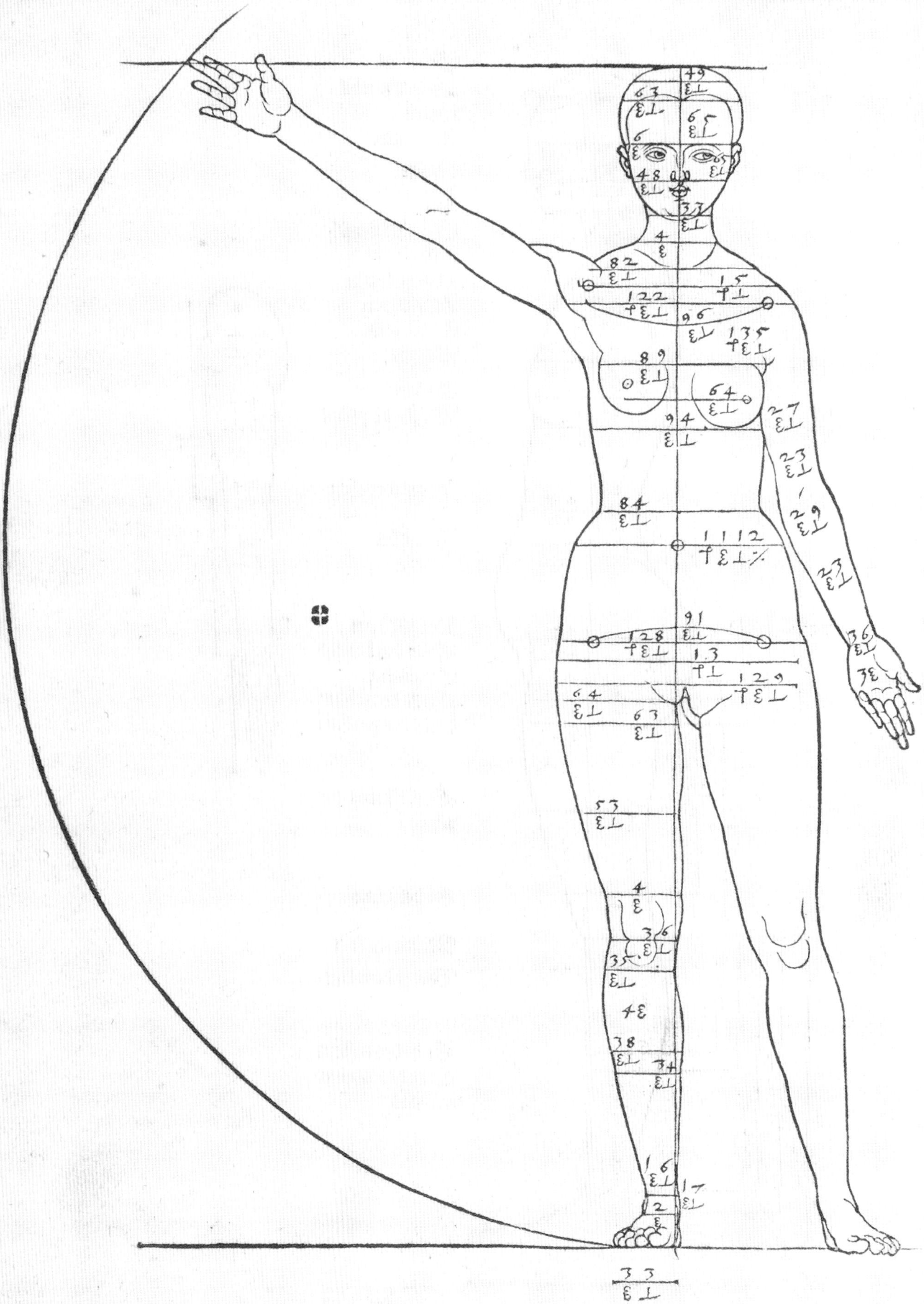

Schöpfung und Erkenntnis

Mit der Schöpfung und der Erkenntnis verhält es sich wie mit dem Kreis zur Kreiszahl Pi: Während der Kreis in sich vollkommen und vollendet ist, ist seine tatsächliche mathematische Berechnung und Abbildung unmöglich – Pi ist eine „transzendente Zahl", eine bloße Annäherung an den Kreis. Die Perfektion der göttlichen Schöpfung zu erreichen, die sich in Kugel und Kreis versinnbildlicht, bleibt unerreichtes Ziel des Menschen. Und doch ist die Utopie der vollkommenen Erkenntnis – die Hoffnung auf Einsicht in die geheimen Gesetze der Schöpfung und der Wille, sie nachzuahmen – eine der grundlegenden Voraussetzungen für Entwicklungen in Wissenschaft und Kunst.

Kreis und Kugel gelten von jeher als die Basiselemente des göttlichen Bauplans der Welt. Der Mensch erkennt in sich denselben Bauplan wie in der Natur: etwa im Aufbau von Zellen, Radiolarien, Schnecken oder Vogelnestern. Deren Entsprechung von Menschenhand ist die Architektur. Das Pantheon in Rom (115–125 n. Chr.), in seiner Gesamtanlage als Kugel konzipiert, erwies sich als Prototyp für eine Fülle von Rundbauten in der Architekturgeschichte. Auch in Kunstwerken wie den Iglus von Mario Merz oder den Steinkreisen von Richard Long tritt die Rundform als Bindeglied zwischen Bauplänen des Menschen und der Natur auf.

»The eye is the first circle; the horizon which it forms is the second; and throughout nature this primary figure is repeated without end« – schrieb Ralph Waldo Emerson 1841 in seinem Essay *Circles*. Von der ägyptischen Hieroglyphik übernahmen die Europäer das Motiv des Auges als Symbol für die Allmacht und das Allwissen Gottes. Das Streben von Künstlern, sich dieses „Geheimwissen" anzueignen und dem Schöpfer gleich zu wirken, hat die Menschheitsgeschichte begleitet. Ironisch gebrochen ist es auch in Max Ernsts enigmatischen Augen-Bildern zu verfolgen. Die physiologische Optik, auf die Ernst Bezug nahm, illustrieren in der Ausstellung kugelrunde Augenapparate. Hier wird der im Zitat von Emerson angesprochene Kreis zur Augen-Kugel; zur Kugel, die den Kosmos und zugleich die Welt symbolisiert. Auch die Geschichte des Panoramas – des Rundbildes von 360 Grad – verdeutlicht das Verlangen, den begrenzten menschlichen Horizont zu überschreiten, um den allumfassenden Blick Gottes zu imitieren.

Gottvater als schöpfender Geometer und der Künstler als dessen Imitator: Diesem Selbstbild und dieser Gleichung entsprachen Künstler wie Albrecht Dürer und Leonardo da Vinci, die die Schönheit und Harmonie in der mathematischen Berechnung von Teilen zum Ganzen suchte.

Bettina Schaschke / Christina Thomson

Jan Harmensz. Muller (1571–1628) nach Hendrick Goltzius (1558–1617)
Die Erschaffung der Welt, 1585
Titelbild der gleichnamigen Serie, Kupferstich, Durchmesser 26,8 cm
Staatliche Museen zu Berlin, Kupferstichkabinett, Inv. 637-14

Schwer hängt die Erdkugel an einem von zwei Jünglingen gehaltenen Sternenseil. Über ihr schwebt Gott. Gemäß seinem Willen wird sie sich in Zukunft um die beiden zu Füßen der Jünglinge am Wolkenboden liegenden Radnaben drehen. Die Kugelgestalt der Erde nimmt die Mitte der Darstellung ein. Die Figuren und Gegenstände sind symmetrisch angeordnet, so dass die Gesamtkomposition – dem Bild der Kugel entsprechend – in sich ausgewogen erscheint.

Albrecht Dürer (1471–1528)
Die menschliche Proportion
Holzschnitt, 43 x 32 cm, aus: *Vier Bücher von menschlicher Proportion*, Nürnberg 1528
Staatliche Museen zu Berlin, Kunstbibliothek, Inv. Gris. 803 mtl

In seiner Proportionslehre von 1528 postuliert Dürer die Erfassung natürlicher Gesetzmäßigkeiten auf der Basis von Mathematik und Geometrie. Mit der geometrischen Konstruktionsmethode wollte er die vollkommene menschliche Form erfassen, um den göttlichen Schöpfungsplan nachzuvollziehen. Die vollkommenste und göttlichste Form ist der Kreis – hier im Zirkelschlag der Armbewegung angerissen.

Hartmann Schedel (1440–1514)
Die Hand Gottes am vierten Schöpfungstag
Holzschnitt, 30 x 30 cm, aus *Buch der Chroniken*, Nürnberg 1493
Staatliche Museen zu Berlin, Kunstbibliothek, Inv. Lipp Cd 17 mtl R

Der Nürnberger Arzt und Humanist Hartmann Schedel war ein bedeutender Büchersammler und der Auftraggeber des auch als *Weltchronik* bekannten Buches. Es enthält neben Stadt- und Landkarten auch Darstellungen zur Erschaffung der Welt. Vorliegende zeigt das 10-Sphären-Weltbild nach Aristoteles (384–322 v. Chr.). Die von der Schöpferhand Gottes angetriebenen Kreise stellen die Bahnen der Planeten und das Firmament (der äußere Kreis) dar. Das Zentrum nimmt die Erde ein, die als eine auf den Kopf gestellte Weltenlandschaft zu sehen ist.

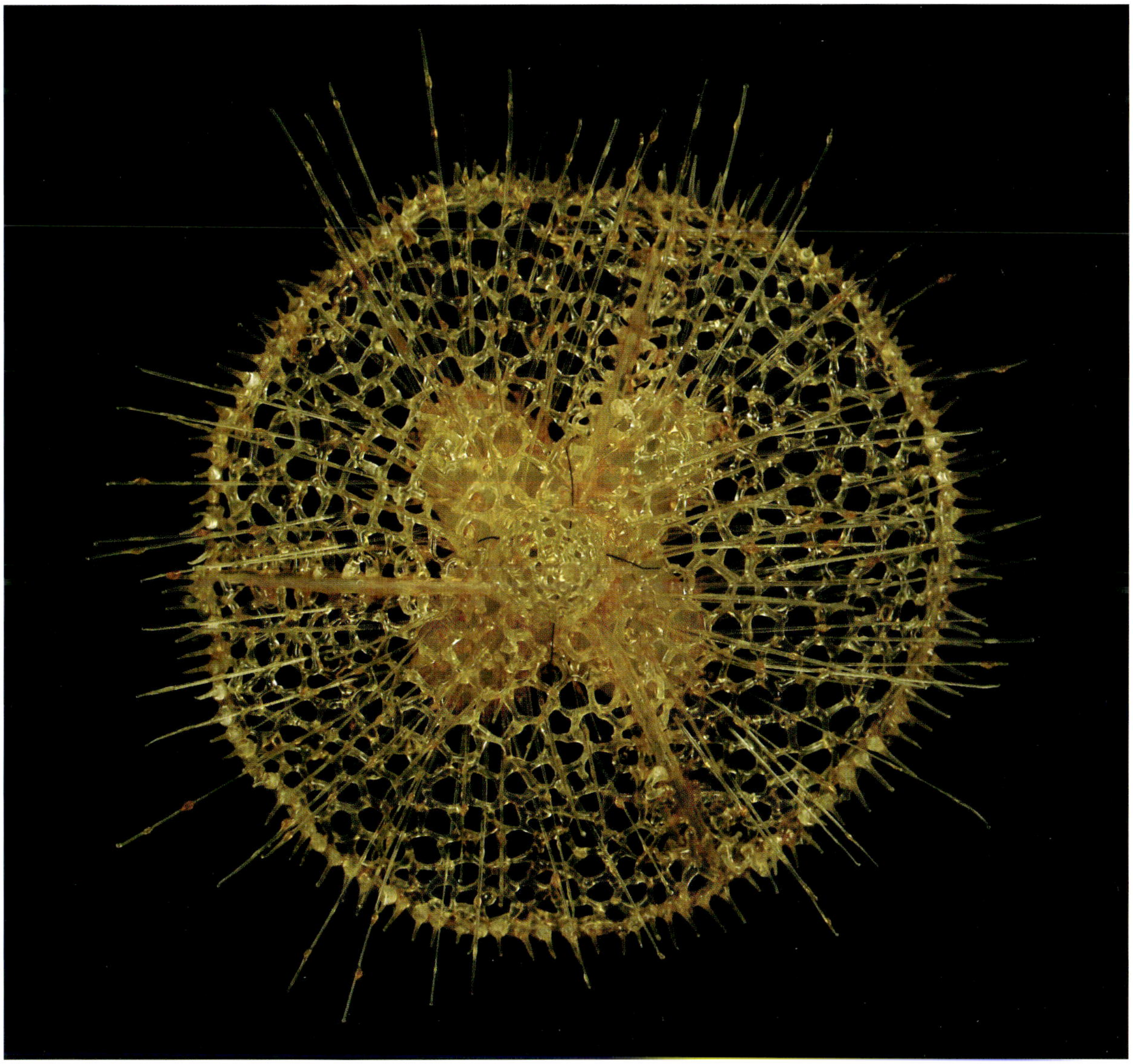

Leopold Blaschka (1822–1895) und Rudolf Blaschka (1857–1939)
Modell einer Radiolarie (Eucecryphalus schultzei H.), 1885
Glas, Leim, Durchmesser ca. 16 cm
Museum für Naturkunde der Humboldtuniversität zu Berlin, Historische Bild- und Schriftgutsammlungen, Bestand Zoologisches Museum, Sign. B XII/28

Die Dresdener Glaskünstler Leopold und Rudolf Blaschka leiteten eine Werkstatt, die sich seit 1863 auf die Herstellung von gläsernen Pflanzen- und Tiermodellen spezialisierte. Das hier abgebildete Glasmodell bildet das Skelett einer Radiolarie (Strahlentierchen) nach. Die filigrane, meist symmetrisch angelegte Struktur dieser wirbellosen Meereslebewesen gehört zu den faszinierendsten Rundformen in der Natur. In seiner bekannten, um 1900 erschienen Studie *Kunstformen der Natur* widmete Ernst Haeckel mehrere Kapitel der Schönheit der Radiolarien.

Das Auge ist der erste Kreis; der Horizont, welchen es bildet, ist der zweite; und du

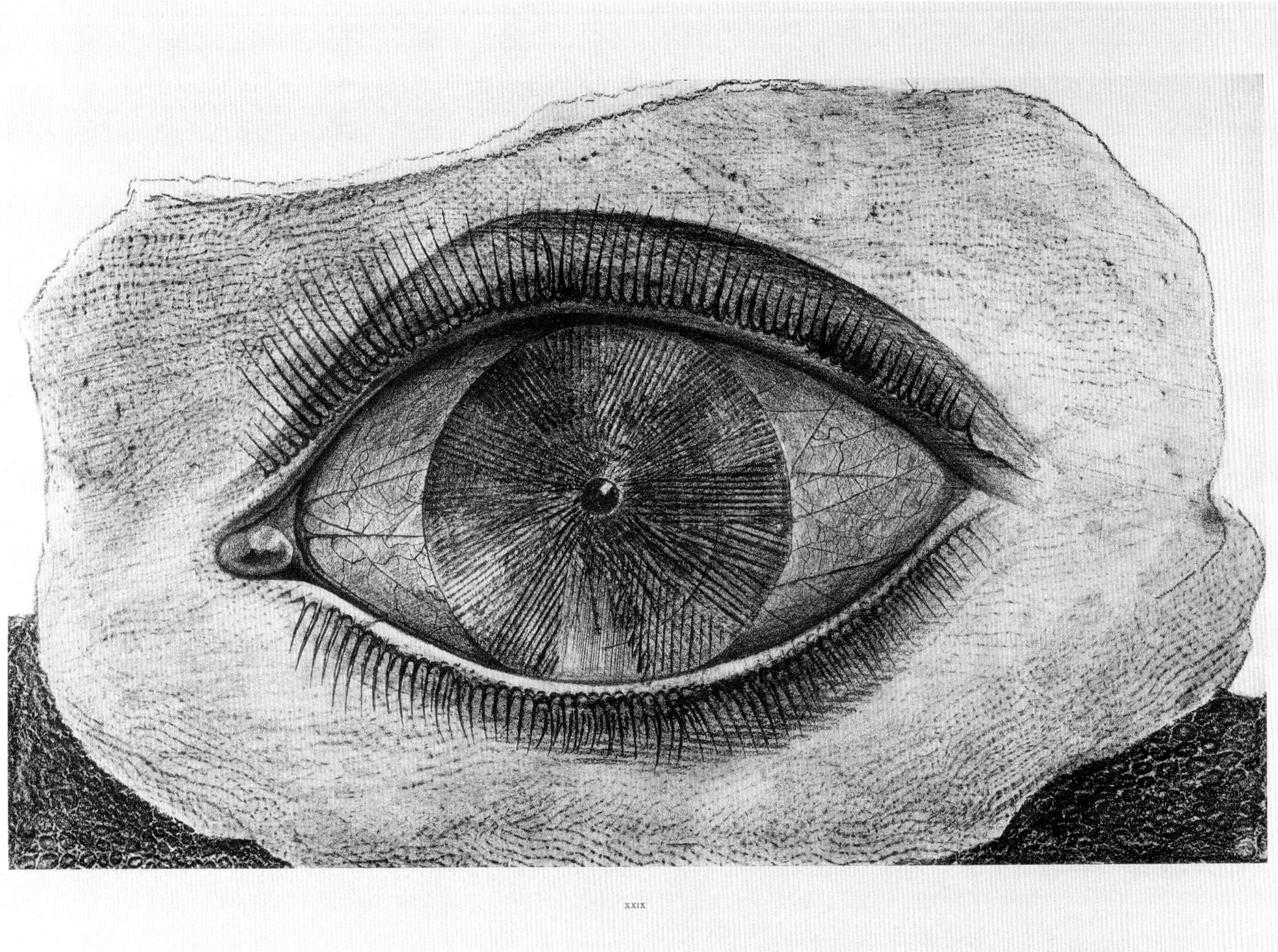

Max Ernst (1891–1976)
La roue de la lumière (Das Rad des Lichts)
Lichtdruck nach Frottage, 50 x 32,5 cm,
Blatt 29 aus *Histoire Naturelle*, Paris 1926
Staatliche Museen zu Berlin, Kupferstichkabinett, Inv. 22-1977

Die Frottage ist eine von Max Ernst erfundene Technik, bei der er Gegenstände unter ein Papier legte, die Strukturen durchrieb und sie mit anderen kombinierte. Er selbst bezeichnete das künstlerische Verfahren als Mittel, die halluzinatorischen Fähigkeiten zu steigern, um sich seiner Blindheit zu entledigen. Das Auge ist eines der prominentesten Motive in Max Ernsts *Histoire Naturelle*, in der Naturformen zur Kunst werden.

ganze Natur hindurch wird diese Grundfigur ohne Ende wiederholt. Sie ist das höchste

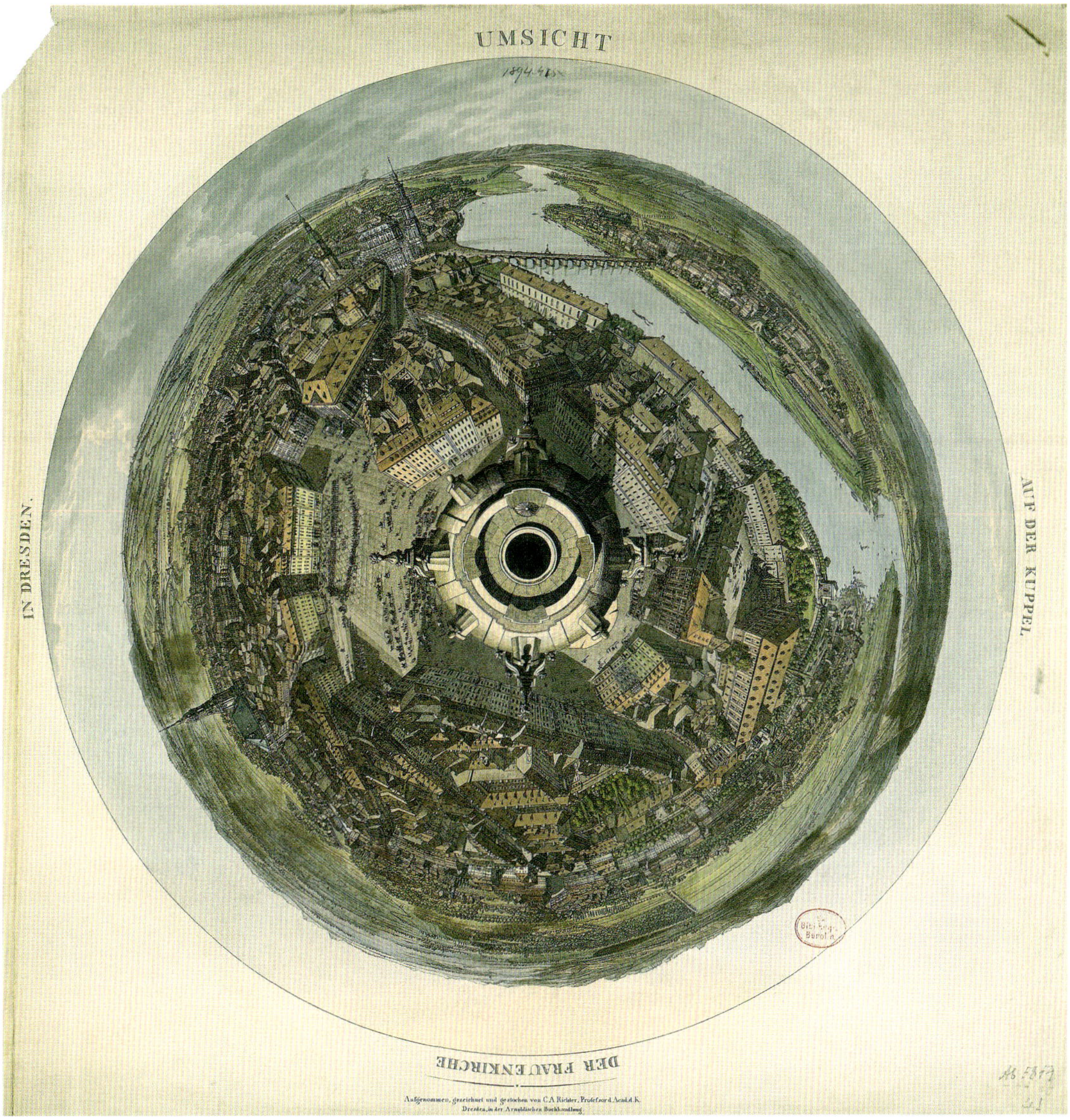

Carl August Richter (1770–1848)
Umsicht auf der Kuppel der Frauenkirche in Dresden, 1824
Radierung, koloriert, 53 x 54 cm
Staatsbibliothek zu Berlin, Sign. Kart. Y 18216

Der Dresdner Künstler und Landschaftsmaler Richter war spezialisiert auf Veduten, Stadtpanoramen und das Illustrieren von Volkskalendern. In seiner kreisrunden Form mutet diese Ansicht von Dresden wie ein menschliches Auge an, wobei die Aufsicht auf die Kuppel der Frauenkirche im Mittelpunkt die Pupille markiert. Der Kreis erscheint als die symbolische Form des Blickes.

Schale einer Pazifischen Sonnenuhr-Schnecke (Architectonica trochlearis, Hinds, 1844)
Durchmesser ca. 5 cm
Museum für Naturkunde der Humboldt-Universität zu Berlin, Inv. ZMB Moll. 108.590

Sonnenuhr-Schnecken, wie Vertreter der Architectonicidae auch genannt werden, kommen in allen warmen Meeren der Erde vor. Die Zeichnung ihrer Schale erinnert entfernt an das Zifferblatt einer Uhr. Als eine Urgestalt und Urbewegung in der Natur hat die Spiralform seit jeher Künstler und Architekten fasziniert. Sonnenuhr-Schnecken bewohnen sandige Bereiche in und an Korallenriffen. Einige Arten leben aber auch als Parasiten ausschließlich auf Seeanemonen und anderen Nesseltieren.

Felix Jacob (1900–1996)
Innenansicht eines Treppenturms, 1931
Graphit, Deckfarben auf Karton, 59,5 x 50 cm
Staatliche Museen zu Berlin, Kunstbibliothek, Inv. OS 1974, 146-1, Hdz 9099

Für die Sektion „Lehrschau Eisenbeton" der Deutschen Bauausstellung 1931 in Berlin entwarf Felix Jacob diesen schneckenförmigen Treppenturm. Die ungewöhnliche, konstruktivistisch anmutende Perspektive der Zeichnung entspricht der innovativen Konstruktion der Schraubentreppe, die sich – allen Sehgewohnheiten entgegen – nach oben hin massiv verbreitert. Mit der biomorphen Spiralform demonstrierte Jacob die Potenziale des Eisenbetons, anhand dessen die Nachbildung von Naturformen in der Architektur neue Dimensionen gewann.

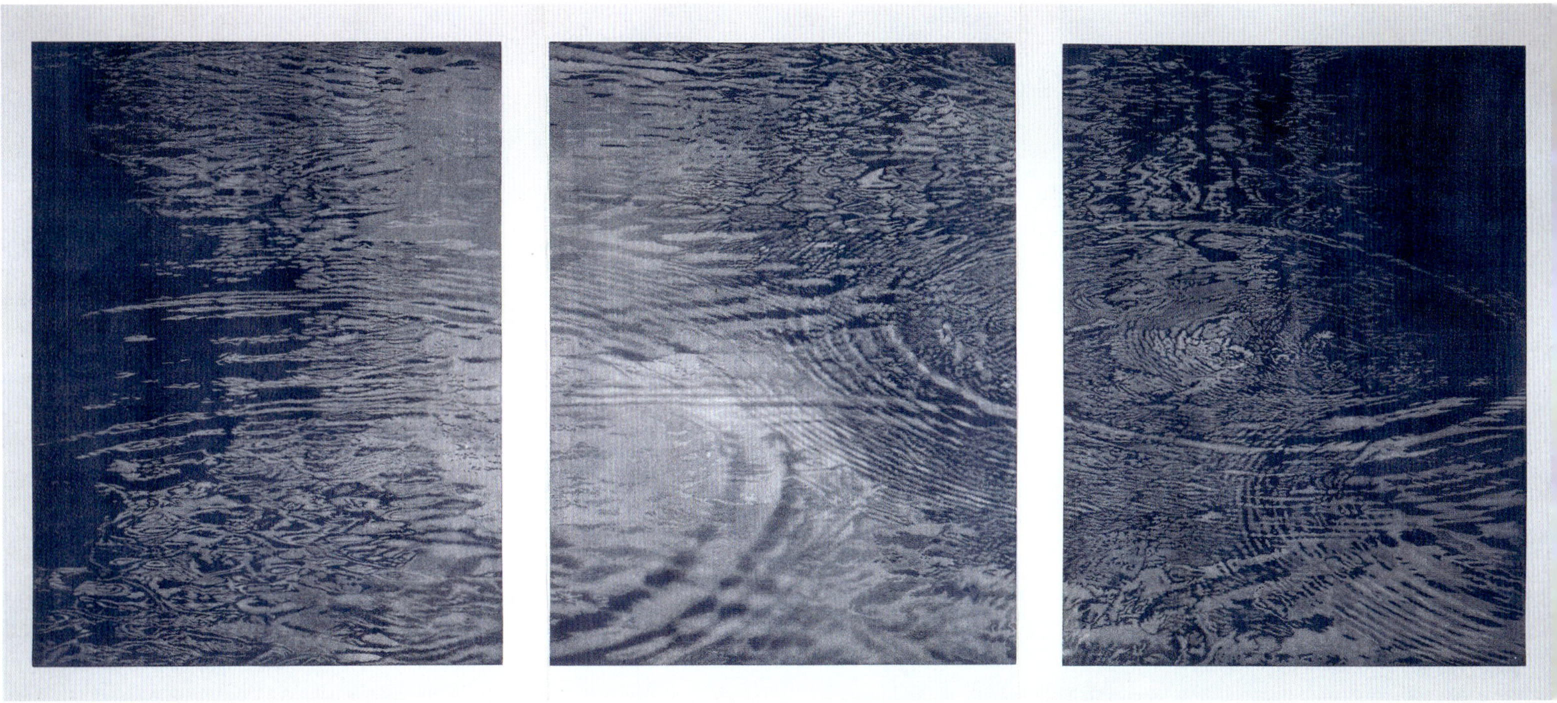

Franz Gertsch (geb. 1930)
Triptychon, 1991/92
Drei farbige Holzschnitte (Triptychon), je 237 x 183 cm,
Gesamtmaß 276 x 597 cm
Staatliche Museen zu Berlin, Kupferstichkabinett, Inv. 18-1999/1–3

1986 begann Franz Gertsch, Fotografien in überformatige, monochrome Holzschnitte umzusetzen. Das auf diese Weise abstrahierte Motiv – hier die Wasseroberfläche eines Erzgebirgsflusses – ist nur noch aus der Distanz erfassbar. Die geschlossene Form der Kreise steht im Kontrast zur Offenheit des Ausschnitts, der ein Sich-Fortsetzen nach allen Seiten suggeriert. Assoziationen mit japanischen Meditationsgärten liegen nahe, zu deren Basiselementen Wasser wie auch die Kreisform gehören. Tatsächlich verleiht Gertsch, der mehrfach Japan bereist hat, mit Bildern wie diesem dem Zen-Prinzip der „Ewigkeit des Augenblicks“ visuellen Ausdruck.

Hirata Seikô
Ensô (Zen-Kreis), 1992
Geschenk von Hirata Seikô, Abt des Tenryû-ji (Zen-Kloster in Kioto), 1992
Tusche auf Japan-Papier, signiert und gesiegelt, 220,5 x 277 cm (Rahmenmaß)
Staatliche Museen zu Berlin, Ethnologisches Museum, Inv. I D 44465

Der kraftvoll und in einem ununterbrochenem Pinselzug gemalte Kreis ist eines der verbreiteten Motive in der japanischen Zen-Malerei: Er ist unendlich und doch umgrenzt, ein Symbol der Einfachheit und der Tiefe. Der Kreis ist zugleich Leere und Vollsein, das Sichtbare und das Unsichtbare. Als Bild der Vollkommenheit entspricht er der Erleuchtung und gleicht in diesem Sinn dem (in Ostasien meist runden) Spiegel, der alles aufnimmt und dennoch in sich leer bleibt.

Pietro Testa (1611–1650)
Die Erde im Zentrum der Himmelskugel, um 1642/44
Feder in Braun, laviert, über Vorzeichnung, 60,2 x 55,5cm
Staatliche Museen zu Berlin, Kupferstichkabinett, Inv. KdZ 18614

Auf der Erde im Zentrum der Himmelskreise thront Chronos, der geflügelte Gott der Zeit. In triumphaler Geste hält er das Emblem der Buonvisi-Familie hoch, einen kunstvoll gezackten Stern. Die Szene ist umgeben von Allegorien der Tugend, Sphärenkreisen mit dem antiken Götterhimmel und dem Band des Zodiak mit einzelnen Tierkreiszeichen.

Kosmos

Kosmos ist das Gegenteil von Chaos. Sowohl in seinem griechischen Wortstamm (*kósmos* – Ordnung), als auch im lateinischen Begriff Universum (*unus* und *versus* – in eins gekehrt), kommt diese konzeptuelle Wurzel zum Ausdruck: Sich den Kosmos vorzustellen heißt, die Welt und das Weltall als ein geordnetes und harmonisches Ganzes zu erklären. Kreis und Kugel sind Idealformen einer solchen Ordnung. Ihre Gestalt symbolisiert vollendete Harmonie und die Vollkommenheit des Schöpfers, ihr Ohne-Anfang-und-Ende-Sein dient als Metapher für die Unendlichkeit des Universums, und ihre radiale Anlage liefert ein Muster für konzentrische Weltbilder.

Während in der frühen chinesischen Kosmologie die Erde als ein vom Rund des Himmels umspanntes Quadrat angesehen wurde, konzentrierte sich die griechische Antike auf die Kugel. Im 4. bis 2. Jahrhundert v. Chr. definierten Aristoteles, Archimedes und Ptolemäus ein geozentrisches (das ptolemäische) Weltbild: der Erdball ist Mittelpunkt des Alls, umringt von den auf kristallenen Hohlkugeln fixierten Planeten. Die äußerste Sphäre ist mit Sternen besetzt – wie etwa die Himmelskugel, die Atlas schultert. Die schon im alten Babylon, China und Arabien verbreitete Armillarsphäre war Jahrhunderte lang das wichtigste Gerät der geozentrischen Astronomie.

Zu den frühesten Manifestationen runder Kosmosbilder gehört der Ring der zwölf Tierkreiszeichen, der in den verschiedensten Kulturen Ausdruck fand. Astronomisch betrachtet beschreibt er die schief zum Himmelsäquator verlaufende Ekliptik der Sonne, und somit im weiteren Sinne den Zyklus der Jahreszeiten. In Darstellungen des so genannten Tierkreiszeichenmannes spiegelt sich die Idee, dass die Himmelskörper Einfluss auf den menschlichen Organismus haben (kurz: Mikrokosmos – Makrokosmos).

Es gibt keine Religion, die nicht zugleich eine Kosmologie ausgebildet hätte. Im Christentum verquickt sich das geozentrische Weltbild mit der Idee des *Creator mundi*, des göttlichen Weltbaumeisters, der bei der Schöpfung mit dem Zirkel Geometrie betrieben hat. Im vollendeten Rund des Kugel-Kosmos verbildlicht sich die Vollkommenheit Gottes. Der buddhistische Stūpa, ein rundes Sakralmonument, besteht aus symbolischen Formelementen, in denen theologische Grundideen mit Kosmosmetaphern zu einer Einheit verschmelzen.

Die wissenschafts-orientierte Neuzeit interessierte sich mehr für die Mechanik der kosmischen Kugel. Sie konstruierte eine Fülle astronomischer Geräte, schuf unzählige Karten und Globen des Himmels und der Erde. 1543 leitete Kopernikus eine astronomische Revolution ein, indem er die Sonne ins Zentrum des Universums rückte; Keplers Ellipsentheorie von 1609 brachte dieses heliozentrische Bild mit den astronomischen Beobachtungen in Einklang.

Das 20. Jahrhundert – die Epoche der Sputniks, Mondexpeditionen und dem „Weltraum-Auge“ Hubble – hat erstaunliche Fortschritte in der Kosmologie gemacht. Doch eine verbindliche Aussage zur Gestalt des Universums gibt es bis heute nicht. Solange Astronomen noch diskutieren, ob das Weltall sattelförmig-offen, flach-unendlich oder kugelig-geschlossen strukturiert ist, wird auch die 2003 von französischen Forschern vorgestellte These, der Kosmos habe die Form eines Fußballs, als Spekulation gelten müssen.

Christina Thomson

Medaille auf Alexander von Humboldt (verso), 1847
Silber, geprägt, Durchmesser 63 mm
Entwurf von Peter von Cornelius (1783–1867), modelliert von Johann Karl Fischer (1802–1862)
Staatliche Museen zu Berlin, Münzkabinett

Die Alexander von Humboldt verehrte Medaille erinnert an sein naturwissenschaftlich bedeutendes Werk *Kosmos, Entwurf einer physischen Weltbeschreibung*, das ab 1845 erschien. Der Genius der Wissenschaft erforscht die Geheimnisse der Natur, umrahmt von einem Pflanzenkranz (ein Verweis auf Humboldts Forschungsreisen in Amerika und Asien) und einem ‚Himmelsgürtel‘ mit den Tierkreiszeichen.

Daher ist der erste Körper, nämlich der Himmel, der Ort aller anderen Körper; und

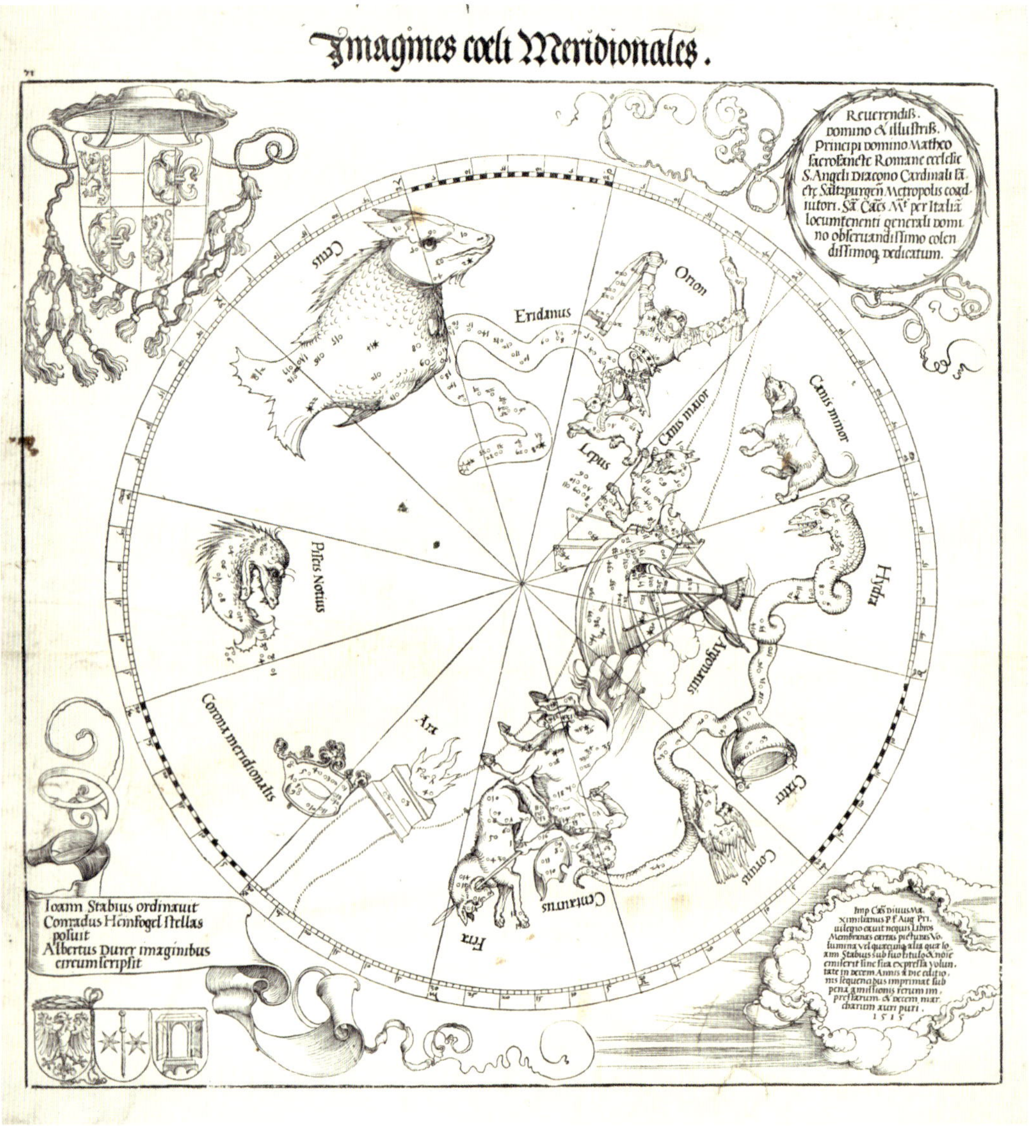

Albrecht Dürer (1471–1528)
Sternkarte, südliche Hemisphäre, 1515
Holzschnitt, 45,3 x 43,2 cm
Staatliche Museen zu Berlin, Kupferstichkabinett, Inv. 778-10

Dürers Holzschnitte der südlichen und nördlichen Himmelshalbkugel, 1515 im Auftrag des kaiserlichen Hofhistoriographen Johannes Stabius ausgeführt, sind die ältesten gedruckten Beispiele wissenschaftlicher Himmelskarten im Abendland. Zur korrekten Positionierung der Sternbilder zog Dürer der Inschrift zufolge den Nürnberger Astronomen Konrad Heinfogel zu Rate: „Conradus Heinfogel stellas posuit". Der Himmel ist als Kreis konstruiert, mit der Gradeinteilung am Rand.

Tierkreisplatte, signiert von ʿAbd al-Wahid
Iran (Yazd oder Kirman), datiert 971 Hidschra (1563–64)
Quarzfritte-Keramik, Unterglasurmalerei, Durchmesser 41 cm
Staatliche Museen zu Berlin, Museum für Islamische Kunst, Inv. I. 1292

Der Tierkreis gehört zur jahrtausendealten Vorstellung von einem in sich geschlossenen Weltbild. Wie in Europa folgt im Nahen Osten die bildliche Darstellung der antiken Tradition, erfuhr aber im Detail manche Veränderung. Das Mittelfeld der Platte füllt ein mit Blüten besetztes symmetrisches Arabeskenwerk. Die Figuren des Tierkreises sind detailliert wiedergegeben und fügen sich harmonisch in die Medaillons ein. Die Platte diente möglicherweise astrologisch-wahrsagerischen Zwecken.

Giovanni de Busi, gen. Cariani (1484/1490 bis nach 1547)
Bildnis eines Astronomen, um 1520
Öl auf Leinwand, 91,9 x 82,1 cm
Staatliche Museen zu Berlin, Gemäldegalerie, Inv. 2201

Mit festem Griff umfasst der Gelehrte die Armillarsphäre – ein bereits im alten Babylon, China und Arabien genutztes astronomisches Gerät, das in der frühen Neuzeit in Europa Verbreitung fand. Die Armillarsphäre, die der Messung von Himmelskoordinaten und Planetenbewegung diente, ist ein Abbild des geozentrischen Weltschemas, in dem alle Himmelskörper um den Erdball kreisen.

ötter schlossen diese, indem sie die Gestalt des Alls nachbildeten, die rund ist, in

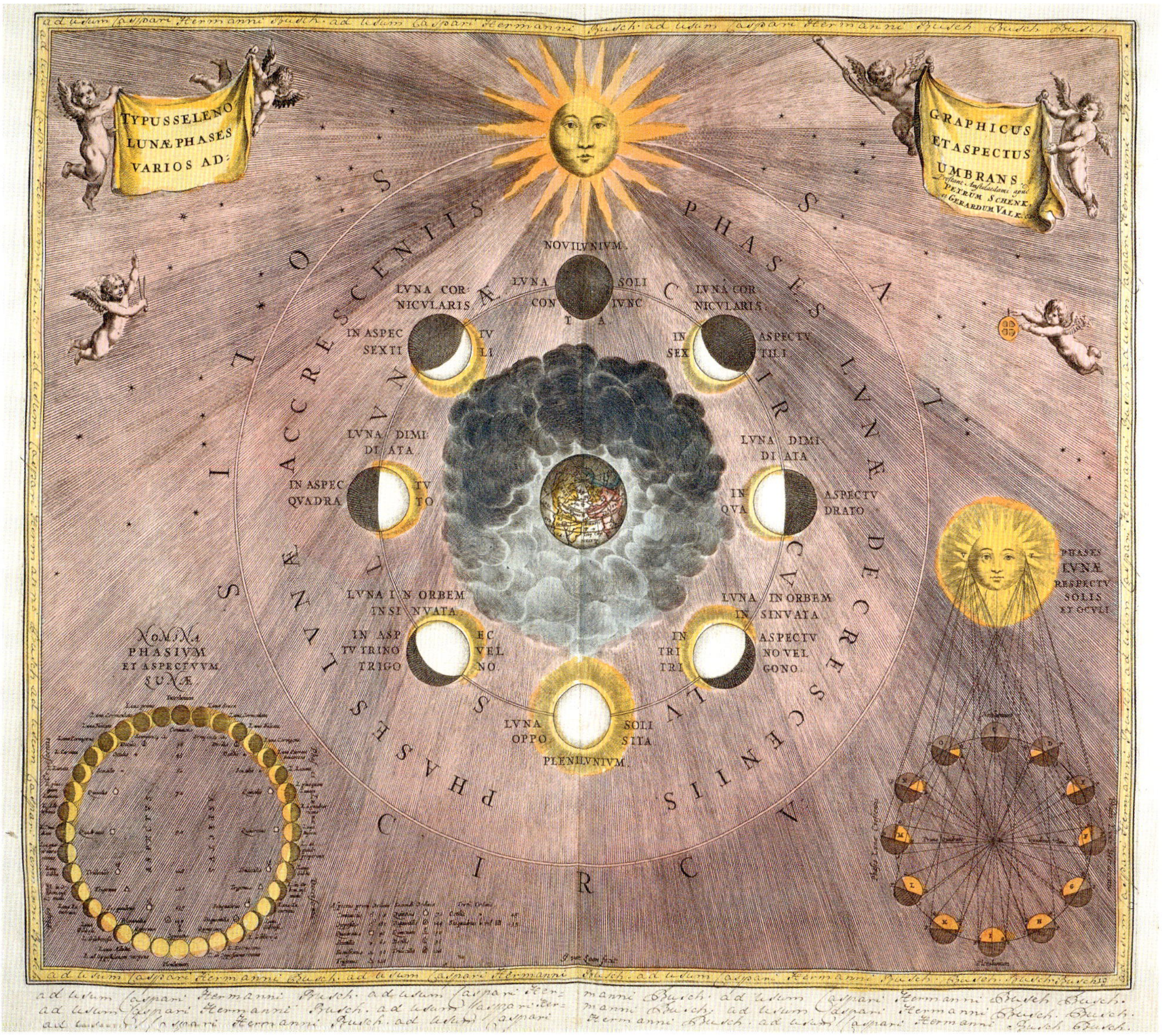

Andreas Cellarius (1656–1702)
Die Entstehung der Mondphasen
Kupferstich, koloriert, 52 x 62 cm, Blatt 19 aus *Harmonia Macrocosmica*, Amsterdam 1708
Staatsbibliothek zu Berlin, Sign. 2" Kart. A 180

Cellarius' erstmals 1660 gedruckter Himmelsatlas *Harmonia Macrocosmica* spiegelt den Stand der Astronomie im 17. Jahrhundert wider – einer Zeit, in der das heliozentrische Kosmosmodell von Nikolaus Kopernikus und Tycho Brahe das geozentrische des Ptolemäus abzulösen begann. Beide Systeme, das erste mit der Sonne, das zweite mit der Erde im Zentrum, stellt Cellarius in seinem Atlas dar. In dem hier abgebildeten selenografischen Diagramm (nach Selene, der Göttin des Mondes), wird die Entstehung der Mondphasen auf Grundlage des geozentrischen Modells erläutert.

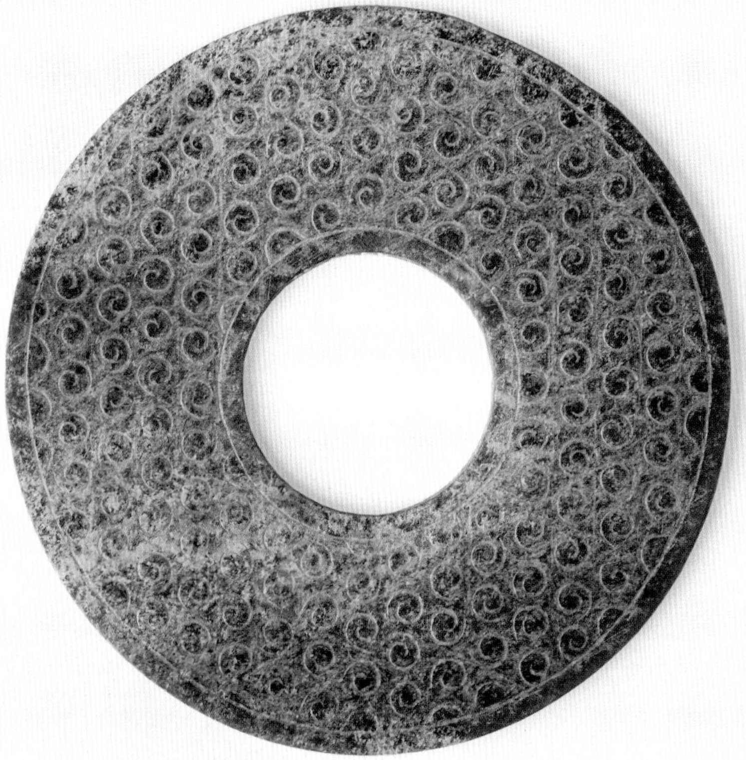

Ringscheibe (*bi*) mit Spiralendekor
China, Östliche Zhou-Dynastie (770–256 v. Chr.)
Jade, Durchmesser 11,1 cm
Staatliche Museen zu Berlin, Museum für Ostasiatische Kunst, Inv. 1974-14

Zwischen schmalen glatten Randzonen trägt die Ringscheibe dichte Reihen von Spiralen. Jadescheiben wurden bereits im Neolithikum hergestellt. In Ritualtexten der Östlichen Zhou-Dynastie und aus späterer Zeit werden die als bi bezeichneten Ringscheiben als passende Opfergaben an den Himmel bezeichnet. Nach den kosmologischen Vorstellungen der Chinesen, wie sie aus der Zeit zu Beginn unserer Zeitrechnung bekannt sind, hatte der Himmel die Form eines Kreises, der sich über die als Quadrat gedachte Erde wölbte.

Votiv-Stūpa
Nordindien, 8. Jahrhundert
Stein, 128,5 x 57,5 x 57,5 cm
Staatliche Museen zu Berlin, Museum für Indische Kunst, Inv. I 2750

Der Stūpa ist das älteste und wichtigste Symbol des Buddhismus. Sie dient der Erinnerung an den Buddha und sein Nirvāna, aber auch der Aufbewahrung von Reliquien. Den aus drei Teilen bestehenden Votiv-Stūpa verzieren Buddhadarstellungen in elf übereinander liegenden Reihen. In der gestuften Basis unterbrechen vier Nischen die Reihen. In ihnen sitzen Figuren, deren Gesten auf bedeutende Begebenheiten im Leben des Buddha hinweisen: die Erleuchtung, die erste Predigt, die Gabe der Almosenschale und eine Almosenspende.

Angelika Middendorf (geb. 1964, lebt und arbeitet in Berlin)
... A THOUSAND AND ONE SEC. [IN_SPACE], 2005
DVD, 1 Kanal Videoloop (16:9), 1000 Sekunden Loop, Farbe,
2 Kanal Ton (Englisch/Deutsch), PAL
Im Besitz der Künstlerin

... A THOUSAND AND ONE SEC. [IN_SPACE] ist eine Reise durch Welt(raum)entwürfe. Der Protagonist – ein Wassertropfen – schwebt durch einen unendlichen weißen Raum. Es blitzen Bilddokumente der Weltraumgeschichte auf, die durch Science-Fiction-Textpassagen in Referenz auf Stanley Kubricks Supercomputer HAL 9000 unterwandert werden. Ein minimalistischer Basis-Sound navigiert durch die tausend Sekunden andauernde Reise des Tropfens und der sich darin widerspiegelnden (Spaceshuttle-)Welt. Die Reise endet vor Beginn der Zukunft, als in der tausendsten Sekunde ein neuer Wassertropfen in Schwerelosigkeit generiert wird.

Sandro Botticelli (um 1445–1510)
Dante und Beatrice schweben zum Merkur, nach 1480
Illustration zu Dante Alighieri, *Göttliche Komödie*, Paradiso VI
Feder auf Pergament, Metallstifte, Tinte, 32,5 x 47,5 cm
Staatliche Museen zu Berlin, Kupferstichkabinett, Inv. Cim 33

In seinem zwischen 1480 und 1495 entstandenen Bildzyklus zu Dante Alighieris *Göttlicher Komödie* kennzeichnet Botticelli den Weg durch das Paradies anhand einer wiederholten Kreisform, der Form kosmischer Sphären. Hier schweben Dante und Beatrice dem Planeten Merkur entgegen, umschwirrt von den Seelenflämmchen der Gerechten, die – laut der im Paradiso VI erzählten Rede Kaiser Justinians – diesen Stern bevölkern. Der Aufstieg wird, wie Dante es beschreibt, vom Wohlklang der „Harmonie der Sphären" begleitet.

Natalija Sergejewna Gontscharowa (1881–1962)
Die Uhr, 1910
Öl auf Leinwand, 105 x 79 cm
Staatliche Museen zu Berlin, Nationalgalerie, Inv. NG 67/61

Zahnräder, Scheiben, Spiralen, Zeiger und Ziffern verbinden sich hier zu einem kraftvollen Bild der mechanischen Zeitmessung – ein dynamisches und doch enorm anstrengendes Unterfangen. Das Uhrwerk, dessen Teile sich alle im Kreis drehen, wird zum Sinnbild des zyklischen Zeitverlaufs.

Ixion auf dem Rad
Vasenbild (Ausschnitt) auf einer apulisch-rotfigurigen Amphora, 330–310 v. Chr.
Ton, Höhe der Vase 55,7 cm
Aus Cumae, 1875 erworben
Staatliche Museen zu Berlin, Antikensammlung, Inv. F 3023

Ixion, ein König der griechischen Mythologie, näherte sich während eines Mahls auf dem Olymp lüstern Hera, der Gattin des Zeus. Zur Strafe für seinen Übermut banden ihn die Götter an ein Feuerrad und versetzten es in den Himmel, wo es sich mit Ixion endlos drehte.

Giovanni Battista Gaulli (Schaffenszeit 1654–1709)
Chronometer (Chronos auf einem Sockel hält das Ziffernblatt), um 1690/95
Feder in Braun und Pinsel in Grau über schwarzem Stift, auf Papier, 36,7 x 25,2 cm
Staatliche Museen zu Berlin, Kupferstichkabinett, Inv. KdZ 21002

Chronos, der bärtige und geflügelte Gott der Zeit, hält das Zifferblatt einer Uhr, das von einem Uroboros, einer sich in den Schwanz beißenden Schlange, umrahmt wird. Der Uroboros ist Sinnbild für ständige Erneuerung und Ewigkeit. Das Ende eines jeden Tages geht unmittelbar in den Anfang des folgenden über.

Kreislauf der Zeit

Alle Wahrheit ist krumm, die Zeit selber ist ein Kreis.
Friedrich Nietzsche: Also sprach Zarathustra, 1883–1885

Die Erkenntnis, dass sich die Natur zyklisch verhält, etwa im Kreislauf der Jahreszeiten und im Prozess des Werdens und Vergehens, brachte den Menschen dazu, den Lauf der Zeit durch die geschlossene geometrische Form des Kreises wiederzugeben. Unser zyklisches Verständnis von Zeit wird durch den zirkulären Lauf der Planeten verursacht: Die Umdrehung der Erde um ihre eigene Achse (Tag und Nacht), das Umlaufen der Erde durch den Mond (Monat) und der Lauf der Erde um die Sonne (Jahr). Seit jeher gehört die Sonne zu den zentralen Motiven der Kunst, als Wiedergabe des realen Gestirns, als dekoratives Element oder als symbolhafter Bedeutungsträger. Zu den wichtigsten Darstellungsarten der Sonne zählen die kreisrunde Scheibe und das Rad. Im alten Ägypten wurde die Sonne als Scheibe dargestellt, welche abends in das Nachtreich abstieg, um am nächsten Morgen wiedergeboren zu werden, während sie in Indien als Rad Attribut des Sonnegottes Sūrya ist.

Bereits in der Frühzeit diente dem von der Natur existentiell abhängigen Menschen der „Lauf" der Sonne als Weltenuhr, nach der sich Aussaat und Ernte wie auch kultische Handlungen richteten. Die Beobachtung des zunehmenden, des vollen und abnehmenden Mondes führte dazu, auch den Mond als „Zeitmesser" zu nutzen. Den Tag des Neumondes legte man als „Monatsersten" fest, lateinisch „calendae", woraus unser Wort Kalender hervorging. Noch heute zeugt die zwölfteilige, dem Sternenbild des Tierkreises (Zodiakus) nachempfundene Gliederung des Ziffernblattes einer Uhr davon, dass unsere Zeitrechnung ursprünglich auf der Beobachtung und Einteilung des Himmels in Sternenbilder basiert.

Das Symbol des Kreises kann auch Sinnbild der Ewigkeit sein. Während das jüdisch-christliche Zeitdenken (von der Schöpfung bis zum apokalyptischen Weltende) oder das durch den Evolutionsgedanken bestimmte der modernen Wissenschaft linear ist, erscheint das anderer Kulturvölker zyklisch. Die indische Lehre spricht von kosmischen Zyklen, sich wiederholenden Kreisläufen von Schöpfung, Zerstörung und Neuschöpfung, der Buddhismus hingegen kennt das „Rad der Existenzen" (*Bhavacakra*), ein Bild des Geburtenkreislaufes (*Samsāra*).

Die Wiedergeburt im alten Ägypten symbolisiert der mit der Sonne verbundene Skarabäus-Kreis, die Ovalform des von oben gesehenen heiligen Pillendrehers. Das altägyptische Zeichen für Ewigkeit ist zudem der Ring, dessen Enden, ähnlich einer kreisförmig gelegten Schnur, durch einen Knoten miteinander verbunden sind. Eine vergleichbare Bedeutung erhielt auch die sich in ihren eigenen Schwanz beißende Schlange (Uroboros), die als ursprünglich ägyptisches Ewigkeitssymbol später auch Eingang in die christliche Kunst fand. Die griechische Antike kannte als Sinnbild der Ewigkeit neben Äon, dem Gott von Zeit und Ewigkeit, zudem das Motiv des auf einem feurigen Rad geflochtenen Königs Ixion. Das Rund begegnet uns schließlich als Symbol der Vergänglichkeit in der Form des Lebensrades sowie in Gestalt der zerbrechlichen gläsernen Kugel und der kurzlebigen Seifenblase.
Bernd Ebert

Der Gang durch die Glaskugel
Norddeutschland, um 1800
Öl auf Leinwand, 75,2 x 90,5 cm
Staatliche Museen zu Berlin, Museum Europäischer Kulturen, Inv. N (32 I) 28/2003

„Sagt mir doch wies gehen soll“, fragt der Sohn in der Inschrift seinen alten Vater beim Eintreten in die Glaskugel – die Welt. Frisches Grün und blühende Pflanzen sind ihm und seiner jungen Frau zugeordnet. Vom Sohn angesprochen, wendet sich der Vater noch einmal um, während die gebrechliche Mutter mit einem Stundenglas in der Hand die Glaskugel verlässt und auf ein geöffnetes Grab zugeht. Bilder wie *Der Gang durch die Glaskugel* waren im 18. und 19. Jahrhundert in Norddeutschland und Skandinavien als „Lebensweisheit an der Stubenwand“ weit verbreitet.

Atlas (Herkules) trägt das Himmelsgewölbe
Norddeutsch (Berlin?), Kreis des Raimund Faltz (1658–1703) und Balthasar Permoser (1651–1732), spätes 17. oder frühes 18. Jahrhundert
Elfenbein, Höhe 35,5 cm
Staatliche Museen zu Berlin, Skulpturensammlung und Museum für Byzantinische Kunst, Inv. 7807

Dem Mythos nach trug der Titanensohn Atlas das Himmelsgewölbe, das hier die Gestalt einer mit Sternbildern und Tierkreiszeichen verzierten Kugel hat. Im aufgeklappten Zustand erscheint in der Kugel ein seifenblasender Putto – ein Vergänglichkeitssymbol in dem Ewigkeitssymbol des Himmelsgewölbes. Die Trägerfigur kann auch als Herkules gedeutet werden, der anstelle von Atlas für kurze Zeit das Himmelsgewölbe trug. Im Barock wurden Fürsten häufig mit Herkules gleichgesetzt, wodurch die Figur zugleich zu einer für die Zeit typischen Herrscherallegorie wird.

Scheibe mit dem aztekischen Sonnengott Tonatiuh (Humboldt-Scheibe)
14. bis frühes 16. Jahrhundert
Original Grünstein (Serpentin), Durchmesser 26 cm
Ehemals Museum für Völkerkunde, Berlin; aus der Sammlung Alexander von Humboldts
Staatliche Museen zu Berlin, Gipsformerei, Inv. 3823

Von seiner Reise durch Mexiko 1803/04 brachte Alexander von Humboldt etliche bedeutende Archäologica mit nach Berlin, darunter die nach ihm benannte aztekische Grünsteinscheibe. Seit dem Zweiten Weltkrieg gilt das Original als verschollen. Im Zentrum des Reliefs, umgeben vom Strahlenkranz der Sonne, thront der mächtige mit Speeren und einer Speerschleuder bewaffnete Sonnengott Tonatiuh. Er ist mit einem aufwändigen Federkopfputz geschmückt und trägt Brust-, Arm- und Fesselschmuck sowie einen großen Nasenpflock.

ymbol dieses Verlangens nach Sein, in dem das All nie stille steht ... ist die sich

Pieter de Ring (1615–1660)
Stillleben mit Musikinstrumenten, 1650
Öl auf Leinwand, 105,6 x 81,7 cm
Staatliche Museen zu Berlin, Gemäldegalerie, Inv. 3719

Während der im Zentrum von Rings Stillleben dargestellte Seifenbläser die kurze Lebenszeit der Menschen versinnbildlicht, verweisen die umliegenden Gegenstände sowohl auf die Vergänglichkeit von Ruhm (Schreibfeder, Bücher), Macht (Globus) und Reichtum (Geldbeutel, Münzen und Schmuck) als auch auf die Flüchtigkeit irdischer Freuden, wie Glücksspiel (Würfel), Schönheit (Nautilusmuschel) und Musik (Notenheft, Violine und Flöte). Ermahnend steht auf der linken Buchseite geschrieben: „Memento Mori" – Gedenke, zu sterben.

Tibetisches Rollbild (Thangka)
Tibet, 18./19. Jahrhundert
Bemaltes Textil, 90 x 55 cm
Staatliche Museen zu Berlin, Museum für Indische Kunst, Inv. I 9993

Tibetische Rollbilder (Thangkas) waren ursprünglich Meditationshilfen für Mönche. Deren Ziel war es, die Erkenntnis von der Leere aller Dinge zu erfahren, in dem sie unter Benutzung des Thangka gedanklich die göttliche Ebene visuell entfalteten und anschließend wieder auflösten. Die gezeichneten Silben (Mantras) und Symbole dienten als Ausgangspunkt. Wie eine Gedächtnisstütze verinnerlichte der Meditierende die dargestellten Götterkonstellationen, um in der Folge die Visualisierung der Götter ohne bildhafte Hilfe vollziehen zu können.

Shiva Natarāja im Flammenkranz
Südindien, 19. Jahrhundert
Bronze, 102 x 79,5 cm
Staatliche Museen zu Berlin, Museum für Indische Kunst, Inv. I 10 061

Seit dem 10. Jahrhundert entstanden in Südindien Bronzen, die den Gott Shiva tanzend in einem Flammenkreis zeigen. Shiva ist der kosmische Gott (Natarāja), der in seinem Tanz die Welt erschafft und zerstört. Der ihn umgebende Flammenkreis symbolisiert den Weltkreislauf. Der Gott selbst scheint unberührt. Sein nach innen gewandtes Lächeln offenbart das stille allwissende Selbst, das über Ewigkeit und Zeit steht.

Spanischer Mondhornkäfer, (Copris hispanus Linnaeus, 1764, Familie Scarabaeidae), 1892
Trockenpräparat in einem Glaskasten von 5 x 12 x 8 cm
Humboldt-Universität zu Berlin, Institut für Biologie / Vergleichende Zoologie, Inv. 21.10.15.2-94

Wie der im alten Ägypten verehrte Skarabäus (Pillendreher) formt der nah verwandte Spanische Mondhornkäfer Kugeln aus dem Kot von Pflanzenfressern. Die Kotkugeln, in die die Käfer ihre Eier ablegen, dienen der Ernährung der Brut. Das abgebildete Exemplar wurde von Fritz Schaudinn, dem Entdecker des Syphiliserregers, als Student 1892 in Syrien gesammelt.

Pektoral (Schutzamulett)
Spätes Neues Reich bis 3. Zwischenzeit, um 1100–800 v. Chr.
Fayence, 11 x 10,2 x 1,5 cm
Staatliche Museen zu Berlin, Ägyptisches Museum und Papyrussammlung, Inv. 1984

Die Ägypter stellten sich die Zeit zyklisch vor, orientiert am Lauf der Sonne. Dieses ursprünglich auf eine Mumie gelegte Amulett zeigt den Sonnengott in seinen Erscheinungen als Skarabäus (ägypt. Chepri, „Werden, Entstehen") und als geflügelte Sonnenscheibe. Beide symbolisieren den ewigen Kreislauf des Lebens. In der Sonnenbarke wird der Skarabäus von Isis (links) und Nephthys beschützt, die ihn am Morgen – nach seiner Regeneration in der Unterwelt – wieder in die diesseitige Welt geleiten.

Roy Lichtenstein (1923–1997)
Female Figure on the Beach, 1977
Öl und Magna auf Leinwand, 122 x 106,7 cm
Staatliche Museen zu Berlin, Nationalgalerie,
Sammlung Marx, Inv. F.V. 161

Lichtensteins Bild ist das Klischee einer heiter-sonnigen Strandszene, mit Muscheln, Strandgut und einer rotmundigen, kurvigen Blondine beim Ballspiel. Es ist zugleich eine Collage aus plakativen Zitaten der modernen Kunst: fließend-biomorphe Formen aus dem Dalí'schen Surrealismus, eine abstrakte Strichfigur im Hintergrund als Referenz an Picasso. Fortuna ist zur verspielten Pop-Ikone mutiert.

Spiel und Zufall

Was heißt „Spiel"?

Spiele sind Regelreservate. Auf der Landkarte menschlicher Tätigkeiten markieren sie Felder, die für Regeln reserviert sind, die nur innerhalb dieser Felder gelten. In umgekehrter Entsprechung sind diese Zonen auch immun gegen die Regelzumutungen der Außenwelt. Das System Fußball ist ein gutes Beispiel. Weder in der Wirtschaft, noch in der Politik oder in der Kochkunst hätte die Abseitsregelung einen Sinn. Ebenso wäre es unsinnig, den „Fußball" mit den Regeln der gesellschaftlichen Umwelt impfen zu wollen. Schon allein die Höflichkeitsregel, dass der Jüngere dem Älteren den Vortritt lässt, würde den Verlauf eines Fußballspiels tödlich sabotieren.

... und warum „Spiel" und „Zufall"?

Aufgrund dieser Eigengesetzlichkeit sind Spielverläufe weder berechenbar, noch vorhersagbar. Abschätzen lässt sich höchstens das Ergebnis. Wann, wo, welcher Spieler auf welche Weise den Ball ins Tor tritt oder köpft, ist jedoch mit keinem Computer im Voraus zu berechnen. Selbst der Wetterverlauf der nächsten fünf Tage lässt sich für Gesamteuropa besser prognostizieren als lächerliche fünf Minuten eines Regionalturniers. Wahrscheinlich wird es niemals gelingen, die Zufallsfolge von Spielereignissen algorithmisch so zu komprimieren, dass man schon vor dem Anpfiff hundertprozentig erfolgreiche Wetten abschließen kann. Das wäre auch der Tod des Spiels. Es braucht den Zufall wie wir die Luft zum Atmen.

... und warum Kugeln?

Um sich im Medium des Zufalls verwirklichen zu können, gibt es für das Spiel kein besseres Instrument als die Kugel. Das liegt daran, dass schon die Kugel als solche – mathematisch betrachtet – aus purem Zufall besteht, denn die Nachkommastellen der Zahl Pi (sie beschreibt das Verhältnis vom Umfang und Durchmesser) sind eine reine Zufallsfolge. Sie lässt sich weder mit ganzen Zahlen, noch mit Wurzeln oder Brüchen beschreiben. Das hat zur Konsequenz, dass die Kugel auch in ihrem Verhalten eine Art Berechnungsimmunität genießt. Da sich ihre Oberflächenpunkte nur näherungsweise lokalisieren lassen, ist nie vorhersagbar, wo genau sie auf die Bande trifft. Schon nach wenigen Bandenberührungen wird das Laufverhalten einer gestoßenen Kugel von den Gesetzen des Chaos dominiert.

So bilden Spiel, Zufall und Kugel eine symbiotische Gemeinschaft über alle Epochen und Kontinente hinweg. Wir finden diese Symbiose ebenso im Fußballspiel der Azteken, im Ts'uh-chüh des alten China oder im Calcio storico des Florenz der Medici wie in den Glücksspielen des byzantinischen Roms und im Roulette des neuzeitlichen Europa. Selbst im 21. Jahrhundert stehen Kugel- und Ballspiele in den Hitlisten der neuesten Video-Spiele obenan.

Moritz Wullen

Marc Stephan (geb. 1968, lebt und arbeitet in Berlin)
Garrincha / Songbird, 2006
DVD, 2 Videoloops (4:3) je 1 Minute, Soundtrack,
Gesamtdauer 60 Minuten, s/w, NTSC
Im Besitz des Künstlers

Garrincha (Manuel Francisco dos Santos, 1933–1983) ist ein legendärer brasilianischer Fußballspieler und Liebling der „kleinen Leute". Obwohl – oder gerade weil – mit verkrüppelten Beinen geboren, gilt er vielen Experten als bester Dribbler der Welt. Mehrere Fußball- und Dribbling-Tricks sind nach ihm benannt.

Johannes Götz (1865–1934)
Balancierender Knabe auf einer Kugel, 1888
Bronze, Höhe 75 cm
Staatliche Museen zu Berlin,
Nationalgalerie, Inv. B I 73

Beide Füße fest auf die Kugel gedrückt, bemüht sich der Knabe um sein Gleichgewicht. Der Blick ist nach unten gerichtet, der Körper stark gebogen. Mit Hilfe der Arme versucht er die Balance zu halten. Was wie ein Spiel aussieht, ist zugleich eine Metapher auf die Wandelbarkeit des Glücks.

Verzierte Kugeln
Troja, Türkei, 2. Jahrtausend v. Chr.
Ton mit Resten weißer Kalkinkrustation, Durchmesser 2,5 bis 5 cm
Staatliche Museen zu Berlin, Museum für Vor- und Frühgeschichte,
Inv. XI b 1776, 1781, 1784, 1789, 1790, 1793, 1795

Die Tonkugeln aus der Sammlung Heinrich Schliemanns stammen aus bronzezeitlichen Schichten der Siedlung Troja und tragen eingestochene und eingeritzte Motive, darunter Kreise und Linien, die teils noch mit weißer Kalkinkrustation versehen sind. Eine rituelle Bedeutung der Kugeln ist ebenso denkbar wie ihre Verwendung zu Spielzwecken. Die formschönen Verzierungen dürften Ausdruck einer damals allgemein verständlichen, heute verlorenen Symbolsprache sein.

Jongleur
Aus Theben (Böotien), hellenistisch, 3. Jahrhundert v. Chr.
Ton, Höhe ohne Sockel 14 cm
Staatliche Museen zu Berlin, Antikensammlung, Inv. TC 8327

Die kleine, ursprünglich bemalte Tonfigur zeigt einen schwarzen, wohl unbekleideten Knaben mit drei Bällen, von denen er einen auf dem Kopf und einen auf dem rechten Knie balanciert. Der Kontakt der Griechen mit Ägypten und anderen nordafrikanischen Ländern führte besonders im Hellenismus zu zahlreichen Darstellungen von Schwarzafrikanern in Bronze und Ton. Häufig wurden dabei afrikanische Knaben, Tänzer oder wie in diesem Fall ein Ballartist mit der ihnen eigenen Physiognomie und exotischen Haartracht zum Thema von Kleinkunstwerken.

Tischuhr (Türmchenuhr)
Süddeutschland, Ende 16. Jahrhundert
Gehäuse: Messing, vergoldet und graviert; Zifferblatt: Silber;
Zeiger: Stahl; Uhrwerk: Eisen, Höhe 24,8 cm
Staatliche Museen zu Berlin, Kunstgewerbemuseum, Inv. K 4590

Gleich einer Wetterfahne krönt Fortuna, die Göttin des Glücks, die Tischuhr. Sie steht auf einer geflügelten Kugel und hat ein Füllhorn und einen Pokal in Händen. Die Genien an den Ecken der Deckplatte halten weitere Kugeln. Ihre Anordnung entspricht einer dem Reigentanz gleichen Sequenz, wodurch der Ablauf der Zeit, den die Uhr misst, noch unterstrichen wird.

Kugelspiel mit Szenen vom Wagenrennen
Konstantinopel, 5. Jahrhundert
Marmor, 77 x 55 x 57 cm
Erworben 1891 durch A. Jasmund in Konstantinopel
Staatliche Museen zu Berlin, Skulpturensammlung und Museum für Byzantinische Kunst, Inv. 1895

Das 1834 beim Hippodrom in Konstantinopel (heute Istanbul) gefundene Gerät diente als Glücksspielautomat. Farbige Kugeln rollten um die Wette eine mit Löchern als Schikanen ausgestattete Kugelbahn hinab und wurden in einer Metallhülse aufgefangen. Hölzerne Geräte dieser Art sind aus der byzantinischen Literatur als *Equi lignei* – hölzerne Pferde – bekannt. Das Berliner Exemplar stellt eine Luxusausgabe in Marmor dar, die mit Szenen von Wagenrennen geschmückt ist.

Das Fußballspiel ist ritualisierte Jagd, stilisierter Kampf und symbolisches Gesc

Utagawa Kunisada (1786–1864)
Genji Rokujô no hana (Szene aus dem 34. Kapitel der *Geschichte vom Prinzen Genji*)
Farbholzschnitt, drei *ôban*, je 35,8 x 24,9 cm
Signatur: Toyokuni; Verlag: Moriya Jihei Bakurochô, Japan, Edo, 1854
Staatliche Museen zu Berlin, Museum für Ostasiatische Kunst,
Inv. Nr. 60070gr (1) 05.246/53

Ein Page reicht dem schmucken Höfling Kashiwagi im Mittelpunkt dieser Gartenszene einen Ball des aristokratischen Kickballspiels Kemari. Mit seinen Künsten in dieser Sportart gewinnt er das Herz der auf der Veranda stehenden Prinzessin Nyosan, obgleich diese mit dem als perfekten Kavalier geltenden Titelhelden der *Geschichte vom Prinzen Genji* verheiratet ist. Ihrem Kätzchen aus den Gemächern folgend, erliegt sie prompt den Reizen des jungen Ballkünstlers.

Polospiel am Moghulhofe
Nordindien (Oudh), 1785
Deckfarben und Gold auf Papier, 28,4 x 40,1 cm
Staatliche Museen zu Berlin, Museum für Indische Kunst,
Inv. I 5005, fol. 8

Diese Malerei im späten Moghul-Stil ist ein Blatt aus einer bedeutenden Serie von Architekturdarstellungen und Genreszenen. Abgebildet ist das am Moghul-Hof sehr beliebte Polospiel. Diese Sportart hat ihren Ursprung vermutlich in Persien, wo es bereits im 3. Jahrhundert n. Chr. nachgewiesen ist. Von Persien verbreitete sich das Spiel in der gesamten asiatischen Welt. In Indien durfte Polo nur von der höfischen Aristokratie gespielt werden.

Albrecht Dürer (1471–1528)
Nemesis oder Das große Glück, um 1502/03
Kupferstich, 32,9 x 22,4 cm
Staatliche Museen zu Berlin, Kupferstichkabinett, Inv. 4547-1877

In diesem großformatigen Stich ließ sich Dürer von der Versdichtung *Manto* des Florentiners Polizian inspirieren, in der Nemesis und Fortuna, die Göttinnen der Vergeltung und des Glücks, zu einer Gestalt verschmelzen. Dürers geflügelte Figur stellt das Ergebnis seiner Proportionsstudien nach Vitruv dar. Pokal und Zügel symbolisieren das glückliche und das harte Schicksal. Die Kugel, klassisches Attribut der Fortuna und Ausdruck der Zufälligkeit und Wankelmütigkeit des Glücks, steht wie ein Planetenball am Firmament.

Fortuna
Augsburg, um 1520/40
Lindenholz, braun gebeizt, Höhe 56 cm
Staatliche Museen zu Berlin, Skulpturensammlung und Museum für Byzantinische Kunst, Inv. 8504

Tänzelnd balanciert die unbekleidete Schöne auf einer Kugel. Nördlich der Alpen hatte es solche Aktfiguren zuvor nicht gegeben – die Statuette ist also ein künstlerisches Wagnis der frühen Renaissance. Gemeint ist Fortuna, die Göttin des Glücks. Die Kugel zu ihren Füßen ist ein Sinnbild der Welt, deren Schicksal die unbeständige Göttin lenkt. Das Werk war zur Ausführung im Gussverfahren bestimmt und als Brunnenfigur vorgesehen.

werfe ich den goldenen Ball zu. Lieber als Alles sehe ich euch, meine Freunde, d

El Lissitzky (1890–1941)
Sportsmänner, 1923
Farblithographie, 53,5 x 45,5 cm,
Blatt 6 aus der Mappe *Sieg über die Sonne*
Staatliche Museen zu Berlin, Kupferstichkabinett, Inv. 14/30 G

Das Blatt *Sportsmänner* gehört zu einer Mappe von zehn Lithographien, mit denen Lissitzky die russische futuristische Oper *Sieg über die Sonne* illustriert. Bühnenbild und Kostüme für dieses 1913 uraufgeführte Stück stammten von Kasimir Malewitsch, Lissitzkys Lehrer. In den Figuren der Sportler verbindet sich hier das Organisch-Figürliche mit dem Geometrisch-Abstrakten. Das kreisrunde Schwarz der drei Bälle gibt eine leitmotivische Diagonale vor.

Jeff Koons (geb. 1955)
Soccerball (Molten), 1985
Bronze, e. a. aus Auflage von 3 + e. a., Durchmesser 19,1 cm
Friedrich Christian Flick Collection, Inv. KOONS13907

1985 beschäftigte sich Jeff Koons mit dem Thema des Sportballs. Neben den bekannten „eingelegten“ und schwimmenden Basketbällen der Serien *Encased* und *Equilibrium* entstand dieser *Soccerball*. Koons' Bronzeguss gibt den Fußball im fabrikneuen Zustand wieder; die Hersteller- und Sponsoren-Namen sind deutlich lesbar. Durch die materielle Verfremdung ist das populäre Rundleder, Emblem des Massensports, zum raren Kunstobjekt erhoben. *Soccerball* ist ein Kommentar auf die Mega-Industrie Fußball, in der das eigentliche Spiel hinter seiner Vermarktung zu verschwinden droht.

Kreis, Kugel, Kosmos – Himmelsbilder des Barock

Bernd Wolfgang Lindemann

Carlo Innocenzo Carlones Entwurf für das Fresko in der Vierung der Pfarrkirche von Groß Sieghart in Niederösterreich[1] (Abb. 1) zeigt in einer scheinbaren kreisrunden Öffnung die Himmelfahrt der Muttergottes. Ein größtenteils von Wolken verhüllter Kuppelrand markiert die Grenze zwischen Innenraum und vorgeblichen Äußerem, gewährt Einblick in eine dicht mit Wolken gefüllte Himmelsszenerie. Um das von hellem Licht erfüllte Zentrum der Komposition ist die Dreifaltigkeit angeordnet: Zuoberst die Taube des Heiligen Geistes, links darunter Christus, rechts Gottvater, beide auf Wolken. Sie empfangen mit grüßenden Gebärden die unter ihnen auf einer Wolke emporschwebende Maria. Konzentrisch um den Kuppelrand schweben, in rhythmischer Anordnung, anbetende Engel, zahlreiche Putten finden sich eingestreut in die Komposition.

Bereits die Kreisform der Komposition sowie die Andeutung einer Kuppel (in der Ausführung in der Kirche von Groß Siegharts tatsächlich eine veritable Flachkuppel) greift die Urform auf, die dem Kosmos über Jahrhunderte zugrundegelegt wurde: Kuppeln dürfen grundsätzlich als nachgebaute Himmelsgewölbe gelesen werden. Über diese abstrakte Grundform hinaus werden kosmologische Überzeugungen durch die figürliche Darstellung und ihre Inszenierung noch intensiviert. Carlones Gemälde offenbart viel über die Vorstellungen, die man sich vom Himmel, vom Kosmos machte.

Zwei gegenläufige Bewegungen werden in dem Gemälde imaginiert: Von unten heraufschwebend ist die Madonna zu denken, die nach katholischer Überzeugung leibhaftig in den Himmel aufgenommen wurde; von oben, ihr entgegen, nähern sich die Engel und die Dreifaltigkeit.

Nicht „ins Unendliche" also, wie häufig fälschlich zu lesen, öffnet der Maler hier den Blick, und auch das himmlische Paradies wird uns nicht gezeigt. Nicht zufällig nämlich erscheinen Engel und Trinität auf Wolken – allein dies zeigt, dass sie sich herabgelassen haben in erdnahe Zonen, die menschlichen Sinnen und irdischer Verstandesgabe noch unmittelbar zugänglich sind.

Kein Gegensatz hat für unser alltägliches Empfinden größere Bedeutung als der zwischen „oben" und „unten" – und dies gilt, wie Anthropologen herausgefunden haben, für die gesamte Menschheit, ist also von der Variationsbreite der unterschiedlichen Kulturkreise unabhängig[2]. Den festen Boden unter unseren Füßen empfinden wir als „unten", den Himmel als „oben" – obwohl unsere Vernunft uns sagt, dass dieser Eindruck, vom Weltganzen her gesehen, falsch ist, dass er den Erkenntnissen der modernen Kosmologie vollkommen widerspricht. Stillschweigend akzeptieren wir „die sinnlich gegebene Welt als die wirkliche"[3]. Für diese der Schwerkraft geschuldete alltägliche und oberflächliche Wahrnehmung gilt die Feststellung Alexandre Koyrés: „Der gesunde Menschenverstand ist, was er immer gewesen: mittelalterlich und aristotelisch"[4], er liest den Aufbau des Kosmos noch immer so, wie im „Somnium Scipionis" beschrieben, dem vielgelesenen Schluss von Ciceros *De re publica*: Wohnstätte der Menschen ist der Erdenball, siebenfach kreisförmig umgeben vom Lauf der Planeten.

Erst recht gilt dies freilich für die gemalten Himmelsdarstellungen des Barock, vor allem in den monumentalen Kuppel- und Gewölbedekorationen[5]. Das monumentale Deckenfresko kann als gegenreformatorische Formgelegenheit schlechthin verstanden werden; Auftraggeber, Künstler und Betrachter waren mehrheitlich Katholiken. Die

Abb. 1 Carlo Innocenzo Carlone, Himmelfahrt Mariae, 1727
Öl auf Leinwand, 119 x 112 cm, Staatliche Museen zu Berlin, Gemäldegalerie

Lehrmeister der römischen Konfession aber weigerten sich mit entschiedener Hartnäckigkeit, das heliozentrische Konzept des Universums zu akzeptieren oder sich den Kosmos als „offen, unbegrenzt, ja unendlich" auch nur vorzustellen[6]. Neuerungen setzten sich nur in langsamen Schritten durch. Von der sich mühsam Bahn brechenden Heliozentrik war es noch weit bis zu der Erkenntnis, der Kosmos müsse unendlich sein: Giordano Bruno hatte dies postuliert, war jedoch wegen Ketzerei auf den Scheiterhaufen geschickt worden[7]. Selbst für Johannes Kepler blieb das Prinzip der Welt als endliches, geschlossenes Ganzes noch intakt[8]; den „Weg zu einem unendlichen Universum"[9] bahnten erst René Descartes und Isaac Newton. In den auf Seiten der Katholiken propagierten kosmologischen Erklärungsmodellen hielt sich die ursprünglich vorkopernikanische „christlich-aristotelische Synthese" noch relativ lange – und dies nicht nur in sturer Verneinung der Neuerungen, sondern auch in kreativer Neubegründung. Der Widerstand gegen die kopernikanische Revolution wird von der sich mit der Geschichte der Kosmologie beschäftigenden Forschung immer wieder ausgeblendet[10], gewertet als letztlich vergeblicher Versuch, Sand in das Getriebe des unaufhaltsamen Fortschritts zu werfen. Als offenkundig überflüssig galt es, diese beharrenden Kräfte als historisches Ereignis wirklich ernst zu nehmen.

Die in der Scholastik vollendete Verbindung von christlicher Lehre mit aristotelischer Philosophie ist vielfach beschrieben worden. Grundprinzip des im Laufe dieses Prozesses herausgebildeten Weltbildes war neben der Geozentrik, die in der Erde den absolut unbeweglichen Mittelpunkt des Kosmos sah, das Postulat eines *endlichen* Universums: Hierarchisch gestaffelt umziehen die Planetensphären (Mond, Merkur, Venus, Sonne, Mars, Jupiter, Saturn) in idealer Kreisform das Zentrum, ihnen folgen die Sphäre der Fixsterne und, als Sitz der Seligen, das Empyreum. Dieses ist zugleich äußerster Bereich und feste Begrenzung des Kosmos. Trotz partieller Abwandlungen behielt die von katholischer Seite propagierte Kosmologie dieses von Dante mit poetischer Kraft imaginierte Modell[11] über fast zwei Jahrhunderte bei, vielfach verteidigt von heute meist in Vergessenheit geratenen Gelehrten.

Einer der Hauptvertreter der Geozentrik auf katholischer Seite war Giovanni Battista Riccioli, Professor für Philosophie, Theologie und Astronomie an der Jesuitenuniversität von Ferrara. Er vertrat damit drei Fächer, die nach seinen und den Vorstellungen der überwiegenden Mehrzahl seiner Zeitgenossen gar nicht voneinander getrennt werden konnten. Eine in unserem Verständnis rein naturwissenschaftliche Betrachtung der Astronomie kam nicht in Frage. Zwar konnte der ‚bloße Mathematiker' das kopernikanische oder irgendein anderes Weltsystem zur *fiktiven* Grundlage astronomischer Berechnungen machen; die Frage nach seiner Zulässigkeit hatte allein der Philosoph, vor allem jedoch der Theologe zu entscheiden. Die Jesuiten des 17. Jahrhunderts vertraten in dieser Angelegenheit einen besonders rigiden Standpunkt: In Ricciolis Hauptwerk *Almagestum novum* ist das gegen Galilei ergangene Urteil abgedruckt[12]. Erst 1822 erlaubte die katholische Kirche die Publikation von Schriften, in denen die Heliozentrik als das gültige Weltbild propagiert wurde.

Wenn Riccioli seine große, 1651 erschienene kosmologische Abhandlung *Almagestum novum* nannte, so stellte er sie in die Tradition des Ptolemäus, der ein erstes *Almagestum* verfasst hatte. In Ptolemäus hatten die Gelehrten des Mittelalters ihre neben Aristoteles zu stellende Autorität gefunden: Das geozentrische Weltbild vorkopernikanischer Prägung ist eine Kombination der physikalischen Theorie des Aristoteles mit den mathematischen Konstruktionen des Ptolemäus. Dieses Weltsystem war kein rein theoretisches Gedankenbild: Es formulierte gültige Vorstellungen für die tatsächlich gegebene physische Existenz des Kosmos. Nach den von Galilei verursachten Erschütterungen wandelte Giovanni Battista Riccioli das ptolemäische Weltbild dahingehend ab, dass sich zwar Merkur, Venus und Mars um die Sonne, diese und die Planeten Luna, Jupiter und Saturn jedoch um die Erde drehen. Die grundsätzliche Unterscheidung zwischen ‚Zentrum' und ‚Mitte' konnte so gewahrt bleiben; die Geozentrik definiert die Stellung des Menschen im Universum weiterhin als das absolute *Unten* in Relation zum *Oben* der Planetensphären und zum absoluten *Höchsten*, der Wohnung Gottes – die Erde als den Mittelpunkt der Welt zu verstehen, bedeutet nach Aristoteles im Übrigen nicht, sie vor den übrigen Planeten auszuzeichnen: sie wird im Gegenteil allen anderen

Abb. 2 Titelblatt aus: Giovanni Battista Riccioli, Almagestum novum ..., Bologna 1651
Kupferstich

Abb. 3 Pietro da Cortona, Kuppelfresko der Chiesa Nuova, 1647–1651, Rom

Körpern subordiniert[13]. Riccioli hatte sich an einem Kompromiss Tycho Brahes orientiert, der seinerseits Gegner der Anschauungen des Kopernikus war[14], insbesondere der Lehre von der Erdbewegung entschieden ablehnend gegenüber stand. Im Titelbild seines Werks macht Riccioli seine Überzeugungen anschaulich: Am Boden liegt das ptolemäische Weltbild; auf eine Waage gelegt, wiegt Ricciolis Modell schwerer als das des Kopernikus (Abb. 2).

Die augenscheinliche Angreifbarkeit der Galileischen Thesen, die Möglichkeit, sie mit Hilfe des tychonischen Kompromissmodells zu entschärfen, setzte die Gegner des neuen Weltbildes in den Stand, „den Zusammenbruch der für die Vernunft unerreichbaren Transzendenz“[15] noch einmal hinauszuzögern: Der in „Diagrammen metaphysischer Deutbarkeit“[16] darstellbare Kosmos offenbarte einerseits unmittelbar die Stellung des Menschen im Ganzen der göttlichen Schöpfung, kündete andererseits in seiner letztlich unerforschlichen Erhabenheit von den Grenzen menschlicher Erkenntniskraft.

Die konservativen Autoren der frühen Neuzeit beriefen sich bei ihren Bemühungen, das geozentrische Weltbild theologisch zu begründen, häufig auf frühchristliche und mittelalterliche Gewährsmänner, vornehmlich auf Thomas von Aquin. Sie setzen also eine scholastische Tradition fort, dabei einer Aufforderung des Ignatius von Loyola folgend, der eben dies in seinen *Exercitia spiritualia* gefordert hatte[17]. Über zwei Jahrhunderte blieb somit antik-mittelalterliche Überlieferung noch aktuell – auch in Frankreich, wo die „Schimären der Peripatetiker“ lange Zeit lebendig blieben, sehr zum Ärgernis Voltaires, der eben dies in seiner Geschichte Ludwigs XIV. beklagte[18]. Auf die Frage: „Welcher Orden hat sich um die scholastische Philosophie am meisten verdient gemacht?“[19], antwortet im Jahre 1736 Jacob Brucker: „Die Jesuiten; die auch auf den meisten Universitäten der Römischen Kirche die theologischen und philosophischen Lehrstühle besetzet, daher auch der scholastischen Philosophen unter den Jesuiten sehr viele sind. Sonderlich aber sind berühmt: Gabriel Vasquez, Franciscus Suarez, Franciscus de Oviedo, Franciscus Alphonsus, Jo. Baptista Ricciolus, und die Conimbricenses.“ Trotz des beinahe feindseligen Grundtons, von dem Bruckers Text beherrscht wird, dürfen seine Bemerkungen durchaus als zutreffende Zustandsbeschreibung gewertet werden. Die vom Aristotelismus geprägte Gedankenwelt der Scholastik und das von ihr propagierte Weltbild bewiesen bis weit ins 18. Jahrhundert ein verblüffendes Beharrungsvermögen, und die von Brucker genannten Gelehrten der Universität von Coimbra in Portugal hatten daran in der Tat ebenso Anteil wie Francisco Suárez (seit 1564 Mitglied der Gesellschaft Jesu), der in seinen theologischen Abhandlungen immer wieder ausführliche Überlegungen zu Bau und Bewegung des Kosmos anstellte, dabei sich häufig an Thomas von Aquin, dessen *Summa Theologiae* er kommentierte, und andere hochscholastische Autoritäten haltend.

Eine Übersicht über die wichtigsten Theologen und Kosmologen der katholischen Reform bringt in der Tat den Nachweis, dass die Überzeugung, das Universum sei von Gott geozentrisch, endlich und in perfekter Kreisform angelegt, zumindest auf katholischer Seite bis weit ins 18. Jahrhundert unumstößlicher Glaubensgrundsatz bleibt. Auch die Existenz des Empyreums als die an der äußersten Schicht dieses Runds sich anschließenden Heimstatt der Seligen wird nicht bezweifelt. Zu den Eigenschaften des Empyreums gehört, dass es trotz (oder gerade wegen) seiner unvorstellbaren Lichtfülle menschlichen Augen nicht zugänglich ist. Die Bewegung der Himmelssphären wird kraft göttlicher Vorsehung von den Engeln ins Werk gesetzt, zwischen der Welt unterhalb und oberhalb des Mondes, der sublunaren und der supralunaren, bestehen grundsätzliche Unterschiede: ist jene den Sinnen und dem Verstand des Menschen unmittelbar zugänglich, so ist diese ausschließlich spekulativ zu begreifen.

Wie intensiv diese Überzeugungen die Gedanken der Maler zu prägen vermochte, illustriert besonders sinnfällig eine der prächtigsten Dekorationen des römischen Hochbarock. Zwischen 1647 und 1651 malte Pietro da Cortona die Kuppel der Chiesa Nuova aus (Abb. 3); die hier angewandten Kompositionsprinzipien blieben für Generationen prägend, bis hin zu Carlo Innocenzo Carlone und über ihn hinaus. Die Kuppel zeigt an ihrem unteren Rand Christus und Gottvater, Seite an Seite knapp oberhalb des unteren Kuppelrandes auf Wolken thronend, als würden sie Maria erwarten, die in der Apsiskalotte ebenfalls auf Wolken schwebend wiedergegeben ist. Doch nicht die Himmelfahrt

Abb. 4 Gottvater erschafft die Welt, Figur vom nördlichen Chorportal des Freiburger Münsters, 2. Hälfte des 14. Jahrhunderts

Mariens ist hier dargestellt: Christus weist mit der Rechten auf die von einer Engelsgruppe herbeigetragenen Werkzeuge seines Leidens. Seine ausgestreckte Linke hält er auf seinen etwas erhöht thronenden Vater gerichtet. Dieser antwortet mit gleichfalls doppelter Gebärde: Seine Rechte ist wie im Segensgestus erhoben, die Linke weist gebietend nach rechts. In ihrer Verlängerung zeigt das Fresko zwei Engel, die, sich zu Gottvater umwendend, in schnellem Flug enteilen. Es sind Racheengel, genauer: Engel des Strafgerichts; sie halten Schwert, Feuer und Pfeile in Händen. Auf Christi Bitten also lässt Gott von der Bestrafung der Sünder ab, erhebt statt dessen die Rechte zum Segen. Die der Komposition innewohnende Bewegung ist einerseits deutlich auf den Betrachter hin angelegt – die himmlischen Personen haben sich, wörtlich, „herabgelassen“ –, andererseits auffallend verhalten, ja zum Stillstand gekommen: *Hier und jetzt*, über den Köpfen des Kirchenbesuchers, vollzieht sich die Gestaltwerdung des Divinen, um gerade in der Qualität eines scheinbar ganz auf den Moment sich beschränkenden Gnadenakts die Andächtigen der Dauerhaftigkeit göttlicher Verheißung zu vergewissern.

Konzentrisch zum unteren Kuppelring und an die Hauptgruppe von Christus und Gottvater anschließend fügte Pietro da Cortona einen Reigen von Heiligen. An diese kreisförmige Konfiguration schließt sich ein Kontinuum weiterer Personen an, in der Mehrzahl Engel; ihre Größe nimmt nach oben hin, dem Gesetz perspektivischen Gestaltens unterworfen, allmählich ab, gleichzeitig werden sie von immer heller werdenden Licht mehr und mehr überstrahlt. Über dem Scheitel der Kuppel erhebt sich die Laterne; ihr Auge trägt, al fresco gemalt, die Taube des Heiligen Geistes, umgeben von Engelskindern mit Lilien und Ölzweigen. Eine Gruppe von Putten – einige unter ihnen tragen Palmzweige – umfliegt den konzentrisch von einem (gleichfalls gemalten) Lorbeerkranz gerahmten Laternenring. Vor allem der Einsatz dieser Details ermöglichte es Pietro da Cortona, die tektonischen Vorgaben der Kuppel zu überspielen, ja scheinbar in ihr Gegenteil zu verkehren. Die in kindlicher Unbefangenheit den Laternenring umschwirrenden Putten sind, wie auch der Lorbeerkranz, dunkler gehalten als die in ihrer unmittelbaren Nachbarschaft auf den sphärischen Malgrund gesetzten Figuren. Auch ihr Größenverhältnis entspricht eher dem der Personen am unteren Rand der Kuppel. Der Betrachter kann sich seiner tatsächlichen, physikalisch messbaren Entfernung zu diesen Details nicht mehr versichern – gerade der hoch über ihm aufragende Zenit der Kuppel ist mit den Mitteln der Malerei in ein frei im Raum Schwebendes umgedeutet. Die reale Beleuchtung der Kuppel durch (niedrigen) Tambour und Laterne wird so in eine ganz anders zu begreifende Lichtsituation umgedeutet: Aus dem ‚Tempel des Heiligen Geistes‘ – nichts anderes nämlich ist die Laterne – fallende Strahlen hellen Glanzes treffen nicht von oben, sondern seitlich auf die Chöre der Heiligen und Engel, die konzentrisch um den kleinen Zentralbau versammelt sind.

Die Grundform der Kuppel wird von den auf Pietro da Cortonas Malerei dargestellten himmlischen Heerscharen gewissermaßen respektiert. Wenn auch nicht vollkommen punktsymmetrisch, sind sie doch der Rundung der Wölbung entsprechend angeordnet. Sehr wahrscheinlich wirkt hier eben jene uralte Vorstellung weiter, der zufolge das Universum sich aus einem System von kugelförmigen Sphären zusammensetzt – auch ein Betrachter des 17. Jahrhunderts hätte wenig Schwierigkeiten gehabt, das aus dem 14. Jahrhundert stammende Kosmosmodell vom nördlichen Chorportal des Freiburger Münsters zu begreifen (Abb. 4). Er hätte dort, von der unbeweglich im Zentrum liegenden Erde ausgehend, die Sphären der sieben Planeten und die achte der Fixsterne gezählt. Der Wolkenhimmel der Chiesa Nuova zeigt illusioniert, dass die *Gloria paradisi* sich nicht nur sprichwörtlich, sondern tatsächlich in die sublunare Sphäre „herabgelassen“ hat, in der allein es Wolken geben kann. Die Kuppel der Chiesa Nuova zeigt somit die wie durch einen Akt himmlischer Gnade möglich gewordene Vision, in der die Trinität, die Heiligen und die Chöre der Engel dem sterblich auf Erden wandelnden Gläubigen eine Schau der himmlischen Glückseligkeit vermitteln. Mag eine Vision schlechthin auch ein vorübergehendes Ereignis sein – die hier imaginierte Vision ist von besonderer Natur, offenbart sie doch einen Eindruck der ewigen Glückseligkeit. Cortonas Kuppelausmalung will daher als die Darstellung eines überzeitlichen Zustands, nicht als temporäre ‚Dekoration‘ begriffen werden. Zugleich aber wird durch die Gestaltwerdung und das Sich-Herablassen des himmlischen Personals dieses Sichtbarmachen des überzeitlich Gültigen und Existierenden als momentaner Gnadenakt ins Bild gesetzt, wie ihn auch eine fromme Vision offenbaren kann.

1 Vgl. Brigitte Langer, in: Peter O. Krückmann (Hrsg.), Carlo Carlone 1686-1775, Der Ansbacher Auftrag, Ergolding 1990, S. 143-145.

2 Vgl. Carlo Ginzburg, High and Low. The Theme of Forbidden Knowledge in the Sixteenth and Seventeenth Centuries, in: Past & Present Nr. 73, November 1976, S. 28-41, hier S. 31-32.

3 Alexandre Koyré, Der Beitrag der Renaissance zur wissenschaftlichen Entwicklung (zuerst als: L'apport scientifique de la renaissance, in: Quinzième Semaine de Synthèse, Paris 1951), in: Alexandre Koyré, Galilei. Die Anfänge der neuzeitlichen Wissenschaft, Berlin 1988, S. 84-94, hier S. 94.

4 Alexandre Koyré, Galilei und die wissenschaftliche Revolution des 17. Jahrhunderts (zuerst als: Galileo and the Scientific Revolution of the XVIIth Century, in: Philosophical Review, 1943), in: Alexandre Koyré, Von der geschlossenen Welt zum unendlichen Universum (zuerst als: From the Closed World to the Infinite Universe, Baltimore 1957), Frankfurt am Main 1969, S. 13-28, hier S. 17.

5 Vgl. Bernd Wolfgang Lindemann, Bilder vom Himmel – Studien zur Deckenmalerei des 17. und 18. Jahrhunderts, Worms 1994.

6 Alexandre Koyré, Galilei. Die Anfänge der neuzeitlichen Wissenschaft, Berlin 1988, S. 14, 32.

7 Vgl. Hans Blumenberg, Kopernikus im Selbstverständnis der Neuzeit, in: Akademie der Wissenschaften und der Literatur in Mainz, Abhandlungen der geistes- und sozialwissenschaftlichen Klasse, 1964, Nr. 5, S. 343-345.

8 Vgl. Koyré, Von der geschlossenen Welt (Anm. 4), S. 12.

9 Thomas S. Kuhn: Die kopernikanische Revolution (zuerst als: The Copernican Revolution. Planetary Astronomy in the Development of Western Thought, Harvard University Press 1957), Braunschweig, Wiesbaden 1981, S. 234-240.

10 Eine gewichtige Ausnahme ist Anneliese Maier, Studien zur Naturphilosophie der Spätscholastik, 4 Bde., Rom 1952-68.

11 Zu den in Handschriften der Göttlichen Komödie mitunter zu findenden Weltbau-Diagrammen vgl. Peter Brieger, Millard Meiss, Charles S. Singleton, Illuminated Manuscripts of the Divine Comedy (Bollingen Series; 81), Princeton 1969, bes. S. 251, 252-257, 295-300.

12 Almagestum Novum Astronomiam Veterem novamque complectens observationibus aliorum, et propriis Novisque Theorematibus, Problematibus ac Tabulis promotam, in tres tomos distributam quorum argumentum sequens pagina explicabit. Auctore P. Ioanne Baptista Riccioli Societatis Iesu Ferrariensi Philosophiae, Theologiae, & Astronomiae professore. Bononiae (Bologna) 1651, S. 497ff.

13 Vgl. Ferdinand Fellmann, Scholastik und kosmologische Reform (Beiträge zur Geschichte der Philosophie und Theologie des Mittelalters, Texte und Untersuchungen; Neue Folge, Bd. 6), Münster 1971, S. 42 (zur Kosmologie des Aristoteles): «Demnach kommt der Fixsternsphäre im aristotelischen Stufenkosmos der höchste Rang zu, der Erde hingegen der niedrigste. [...] Der Vorrang des Oben geht bei Aristoteles darauf zurück, daß der göttliche unbewegte Beweger an der die Fixsternsphäre umschließenden äußeren Himmelsperipherie lokalisiert ist.» Vgl. auch Hans Blumenberg, Die Genesis der kopernikanischen Welt, Frankfurt a. M. 1981 (erstmals 1975), Bd. 1, S. 215: «Im Widerspruch gegen die Pythagoreer erklärt Aristoteles den Vorrang des Umfassenden gegenüber dem Umfaßten, also der Sphären gegenüber ihrem Zentrum. Daß die Weltmitte kein ausgezeichneter Ort ist, ergibt sich schon aus der aristotelischen Elementenlehre, die dem Element Erde die Weltmitte und zugleich den niedersten Wertrang zuordnet. Die Erde ist nicht von dem Material der Sterne, und sie kann daher nicht ein Stern unter Sternen sein, wie die Pythagoreer es wollten und Kopernikus es feststellen wird.»

14 Im tychonischen System bewegen sich, abweichend von dem durch Riccioli propagierten semi-tychonischen Modell, lediglich Mond, Sonne und die Fixsternsphäre unmittelbar konzentrisch um die im Mittelpunkt des Universums liegende Erde. Vgl. das Diagramm bei Kuhn, Die kopernikanische Revolution (Anm. 9), S. 206. Zu Tycho Brahes Auseinandersetzung mit Kopernikus siehe Ann Blair, Tycho Brahe's Critique of Copernicus and the Copernican System, in: Journal of the History of Ideas 51, 1990, S. 355-377.

15 Blumenberg, Kopernikus (Anm. 7), S. 365.

16 Ebd., S. 367.

17 Ignatius 1548 (1921), S. 187 («Achtzehn Regeln zur Erlangung einer wahren kirchlichen Gesinnung», Elfte Regel).

18 Voltaire, Le siècle de Louis XIV, in: Oeuvres complètes de Voltaire, Nouvelle édition, Bd. 14, Paris 1878, S. 535.

19 Erste Anfangsgründe der Philosophischen Geschichte, als ein Auszug seiner grössern Wercke, hrsg. von Jacob Brucker, Ulm 17512 (17361), S. 363.

Das Paradies. Kreis und Kosmos in Botticellis Bilderzyklus zur Göttlichen Komödie

Hein-Th. Schulze Altcappenberg

Dem Geometer, der sich ganz vertieft,
den Kreis zu messen und, wie sehr er sinne,
den Grundsatz, dessen er bedarf, nicht findet,
war ich vergleichbar bei dem Anblick:
Wie mit dem Kreise jenes Bild sich einigt,
und wo sein Platz drin ist, wollt ich erkennen,
doch nicht vermochten das die eignen Flügel;
da wurde plötzlich wie von einem Blitze
mein Geist durchzuckt, und das Ersehnte kam.
Hier schwand die Kraft der hohen Phantasie;
doch schon bewegte Willen und Verlangen
mir, wie ein gleichbewegtes Rad, die Liebe,
die kreisen macht die Sonne wie die Sterne.
Dante, Paradiso XXXIII – Schlussverse der Divina Commedia

Dante Alighieri (1265–1321) begründete mit seiner zu Beginn des Trecento verfassten *Divina Commedia* die Geschichte der italienischen Literatur in einem furiosen poetischen Akt; Sandro Botticelli (1444/45–1510) schuf mit Gemälden wie dem *Frühling* und der *Geburt der Venus* Ikonen der Renaissancekunst. In einem Werk, das zu den glänzendsten Schätzen des Berliner Kupferstichkabinetts gehört, treffen die beiden Florentiner zu einem Disput aufeinander, der die Grenzen der Macht des Wortes und des Bildes auslotet.[1] Die Geschichte der *Göttlichen Komödie* beginnt in der Nacht vom Gründonnerstag auf den Karfreitag des Jahres 1300. Ihre Verse künden von der traumhaften Vision ihres Schöpfers und Ich-Erzählers, der sich in einen dunklen Wald verirrt hatte, eine Metapher für die Unkenntnis des Menschen und seine Verstrickung in die Laster der Welt. Von dort trat Dante, so die *Commedia*, zunächst mit dem römischen Dichter Vergil und später unter Führung Beatrices, einer zum Ideal göttlicher Weisheit stilisierten Jugendliebe, seine Reise durch die drei Reiche des Jenseits an, durch Inferno, Purgatorio und Paradiso.

Die Topographien dieser drei Welten sind durch komplex gespiegelte Kegel- und Kreisformen charakterisiert. Angesichts des *Höllentrichters* (Abb. 2), eines dreidimensionalen, mit vielen figürlichen Miniaturen angereicherten Schnitts durch die Unterwelt, kann der Betrachter die vollständige Reise durch die neun, teils noch untergliederten Bezirke des Inferno mühelos nachvollziehen: vom Betreten der riesigen, kegelförmigen Höhle im Erdinnern oben links bis hinunter zur eisigen Spitze, dem Mittelpunkt der Erde und des Universums, wo der leibhaftige Satan steckt. Das zweite Jenseitsreich, der Läuterungsberg, ist zusammen mit Episoden seines ersten Gesangs auf einem Blatt dargestellt (Abb. 3). Wir sehen die Ankunft auf der Insel, die das Massiv umgibt, ein geographisches Gebilde, das

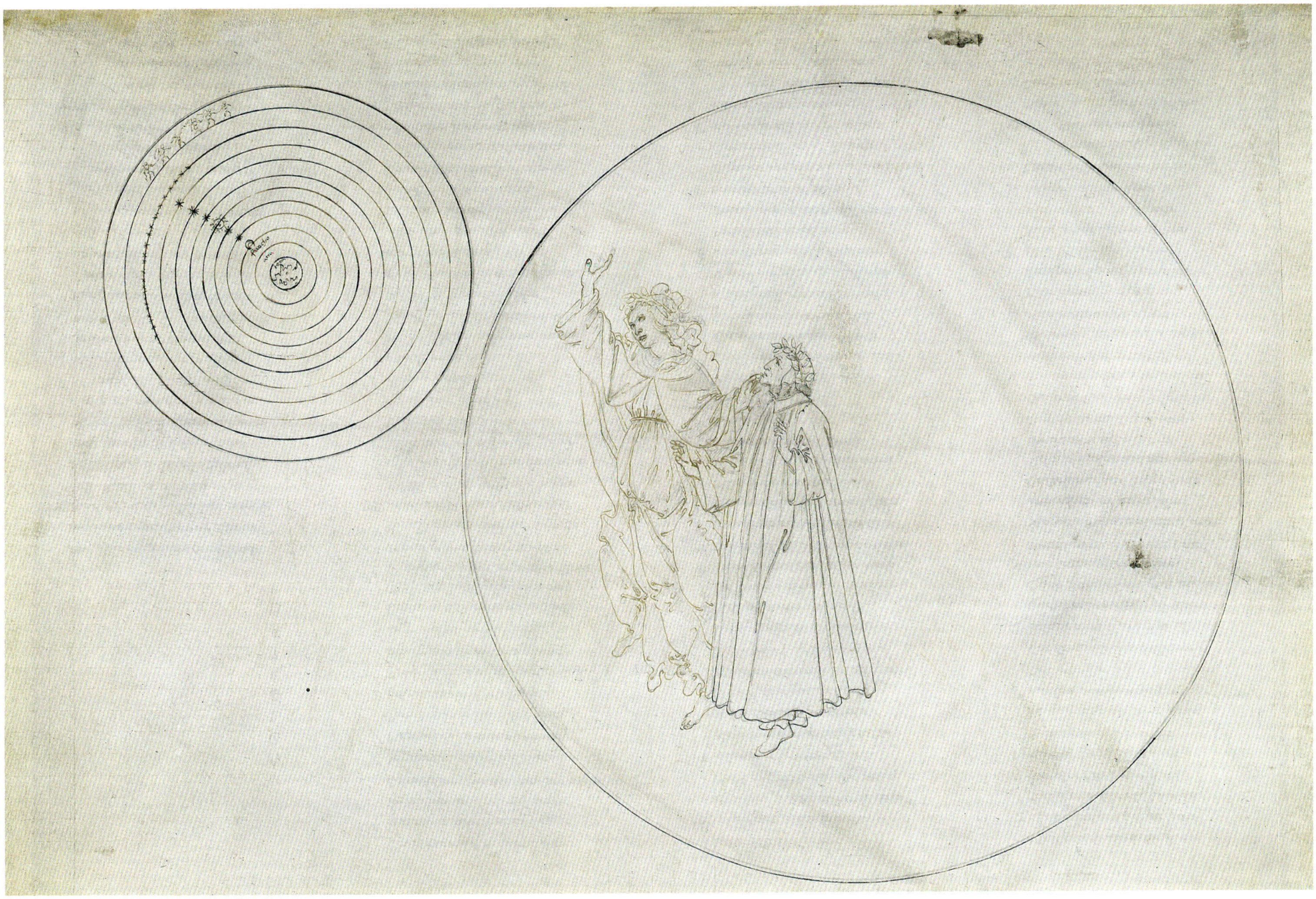

Abb. 1 Sandro Botticelli: Die Göttliche Komödie, Paradiso II, erste Planetensphäre: der Mondhimmel

Feder mit brauner Tinte, über Vorzeichnung mit grauem Stift, auf Pergament; ca. 32,5 x 47,5 cm; in den kosmischen Kreisen die sicher eigenhändig eingeschriebenen Begriffe *tera, aria* und *fuocho;* Staatliche Museen zu Berlin, Kupferstichkabinett, Botticelli / Codex Hamilton 201, Paradiso II

Abb. 2 Sandro Botticelli: Die Göttliche Komödie, Inferno: der Höllentrichter
Feder mit brauner Tinte und Pinsel mit farbigen Deckfarben, über Vorzeichnung mit grauem Stift, auf Pergament; ca. 32,5 x 47,5 cm; Vatikanstadt, Biblioteca Apostolica Vaticana, Codex Reg. Lat. 1896, fol. 101r

nach Dante gegenüber von Jerusalem auf der südlichen Erdhalbkugel unter freiem Himmel liegt. Anders als im Bild der Hölle nehmen wir keine Details, sondern nur die Gliederung und wenige markante Orte wahr, etwa das herzförmige Tal der Fürsten oder obenauf den Garten Eden mit dem alles überragenden Baum der Erkenntnis. Den Gesamtblick auf das Paradiso hingegen, auf das wir uns im folgenden konzentrieren werden, reduzierte Botticelli auf eine grobe Strukturdarstellung, die zusammen mit dem Mondhimmel auf einem Blatt zu finden ist (Abb. 1). Die Räume des Geschehens sind in dieser Übersicht zu Sphärenkreisen und zu simplen Symbolen wie einer Mondsichel, einer Sonnenscheibe, einzelnen Sternchen (Planeten), einem Sternchenkranz (Fixsternhimmel) und einem Strichengel-Reigen zusammengeschmolzen. Details kann man – analog zu dem von Canto zu Canto immer abstrakter werdenden Inhalt der *Commedia* – nicht mehr ausmachen.

Auf der Abbildungs- oder Beschreibungsebene, die stets nah am Text Dantes orientiert bleibt, bezeichnet der Kreis im Paradiso Planeten und Sterne sowie von deren Bahn eingeschlossene, kugelförmige Sphären, die sich mit fortschreitender Erzählung stets weiter ausdehnen und schneller bewegen. Der Kreis gibt bis zur Darstellung des siebten Bezirks (Canto Paradiso XXII) die Einfassung der Bilder ab und ist auf den meisten Blättern in der Mitte vorgezirkelt.[2] Auf der Strukturdarstellung Canto Paradiso II aber rückte Botticelli die Kontur des Mondhimmels nach rechts, um Platz für ein gängiges ptolemäisches, geozentrisches Modell des Kosmos zu gewinnen, dem Erfüllungsraum des Dante'schen Paradieses: im Zentrum die Erde (bezeichnet *tera*), um sie herum die Atmosphäre (*aria*) und die Feuerzone (*fuocho*), dann die sieben Planeten- bzw. Sternensphären mit ihren erwähnten Symbolen, schließlich der Fixsternhimmel und als neunter das *Primum Mobile* oder der Kristallhimmel, in dem sich das allumhüllende und -durchdringende geistige Prinzip in körperliche Bewegung wandelt und durch diese abwärts wirkt. Das Empyreum endlich, Wirkraum des Höchsten und vollkommene Matrix des Paradieses, in seiner absoluten Wirklichkeit und personellen Vollständigkeit nicht mehr durch Anschauung zu reflektieren, fand keine Verbildlichung. Dies zeugt von Respekt gegenüber dem Primat der unmittelbaren Anschauung vor der Repräsentanz. Zudem war dem Künstler bewusst, dass der Sitz Gottes in seiner berückend schönen, ort- und zeitlosen Existenz als reines Licht den Paradieseshimmel zwar überfängt, zugleich aber in unendlich reich gebrochenen Facetten durchdringt, also trotz verschiedener Stufen der Erscheinung letztlich mit ihm identisch ist. Die Darstellung des Kosmos, ausgedeutet als Raum des himmlischen Paradieses mit seinen sphärisch abgestuften Wirkkreisen, ist im Text des Canto unbeschrieben. Von Botticelli eigenmächtig implantiert, besitzt dieses Bild im übergreifenden Gefüge des Zyklus programmatischen Charakter. In ihm gipfelt das Konzept Botticellis, den drei Erzählräumen

Abb. 3 Sandro Botticelli: Die Göttliche Komödie, Purgatorio I: der Läuterungsberg mit Szenen zum Canto Purgatorio I
Feder mit brauner Tinte, über Vorzeichnung mit grauem Stift, auf Pergament; ca. 32,5 x 47,5 cm; unten Mitte mit Tinte Nummer und Anfangsverse des Canto: „1 perchore miglior aqua"; Staatliche Museen zu Berlin, Kupferstichkabinett, Botticelli / Codex Hamilton 201, Purgatorio I

seiner *Commedia* topographische Modelle voranzustellen, die ihren jeweiligen Botschaften und Themen auch modal entsprechen.

So fällt in Anbetracht der drei Eröffnungsbilder sofort auf, dass Botticelli seine Vorstellung der Jenseitsreiche immer weiter vom Betrachter entrückt und dass sie mit dieser Entfernung immer abstrakter werden. Wir haben es mit drei völlig verschiedenen Bildtypen zu tun: bei der Hölle mit einem reich differenzierten, nah vor Augen gestellten *Modell* (Abb. 2) beim Läuterungsberg mit einer landschaftlich-räumlichen *Ansicht* (Abb. 3) und beim Paradies mit einem puren *Schema* (Abb. 1, 4–5) Botticelli geht mit dieser Unterscheidung nicht nur auf die recht vagen topographischen Vorgaben, Themen und Erzählstrukturen Dantes ein, sondern auch auf die gemäß dieser Kategorien abgestuften sprachlichen Stilhöhen der drei Bücher (Cantiche). Er legt seinen gesamten Erzählrahmen formal dementsprechend an. Die Überblicksdarstellungen fungieren somit wie Notenschlüssel. Sie definieren, angefangen bei der äußeren Form der Komposition bis hin zum Zeichenmodus, die Tonlagen der sequentierten Einzelbilder.

In dem Zyklus misst einer der großen Meister am Ausgang der Frührenaissance seine Kunst an einem der bilderreichsten, im Hinblick auf komplizierte Abstraktionen, die Fülle an Motiven und Bezügen aber auch schwierigsten Werke der Weltliteratur. Vasari zufolge soll ihn die Beschäftigung mit Dante – fortgesetzt durch die politischen Erschütterungen nach dem Tode Lorenzo des Prächtigen de'Medici 1492 und die Predigten Savonarolas – in eine tiefe Schaffenskrise gestürzt haben: „Kaum dass Sandro seine Fresken in der Sistina [Rom] beendet hatte", das war im Frühjahr 1482, „kehrte er sofort nach Florenz zurück. Dort kommentierte er als Person von spitzfindigem

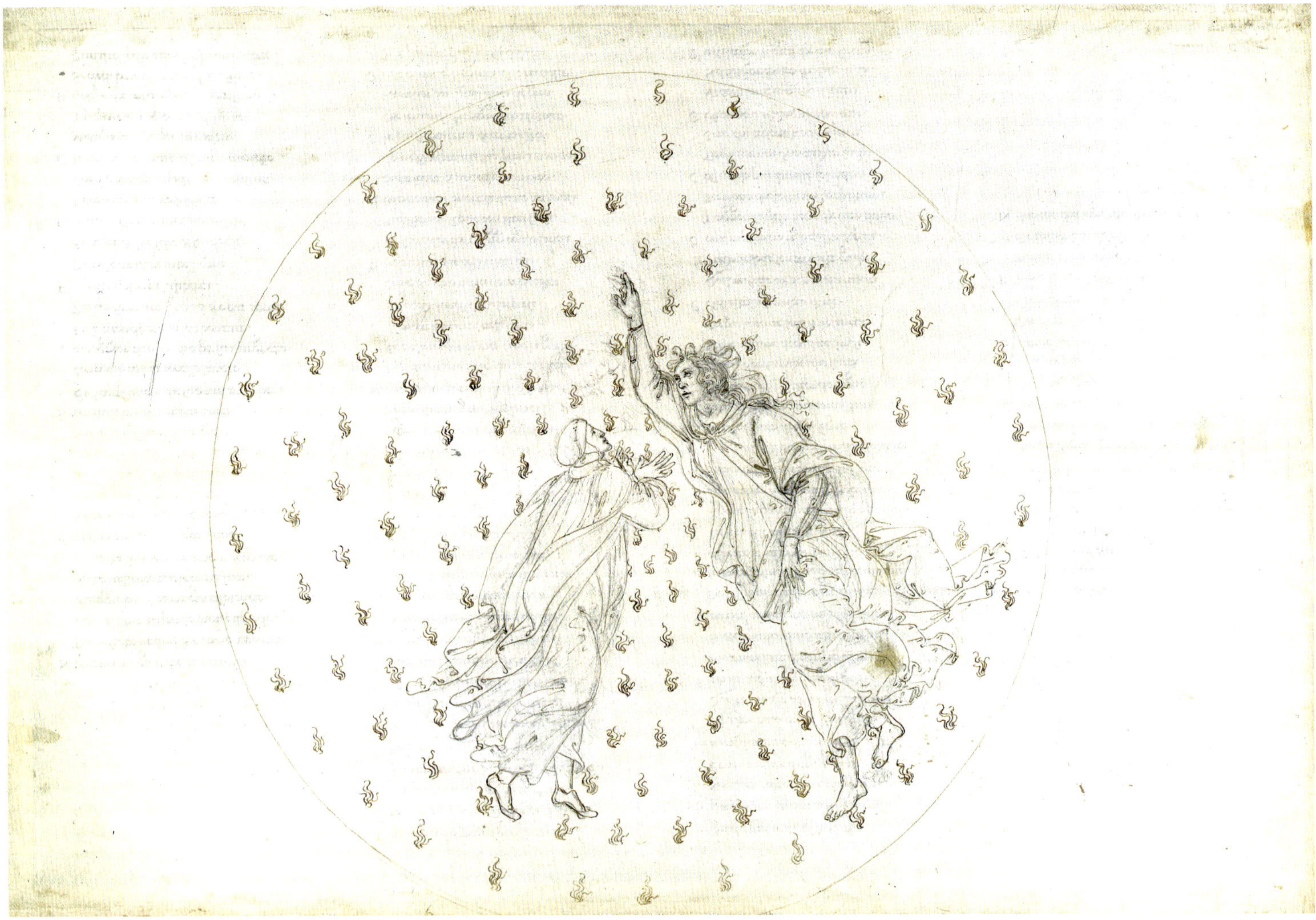

Abb. 4 Sandro Botticelli: Die Göttliche Komödie, Paradiso VI, zweite Planetensphäre: der Himmel des Merkur
Feder mit brauner Tinte, über Vorzeichnung mit grauem Stift, auf Pergament; ca. 32,5 x 47,5 cm; Staatliche Museen zu Berlin, Kupferstichkabinett, Botticelli / Codex Hamilton 201, Paradiso VI

Abb. 5 Sandro Botticelli: Die Göttliche Komödie, Paradiso XXVI, achte Sphäre: der Fixsternhimmel

Feder mit brauner Tinte, über Vorzeichnung mit grauem Stift, auf Pergament; ca. 32,5 x 47,5 cm; unter vier der Flammen die eigenhändigen Beischriften: „piero", „adamo", „giovani" und „jachopo"; Staatliche Museen zu Berlin, Kupferstichkabinett, Botticelli / Codex Hamilton 201, Paradiso XXVI

Geist (*come essere persona sofistica*) einen Teil des Dante: Er stellte das Inferno dar und gab es in Druck, worüber viel Zeit verloren ging; und da er an nichts anderem arbeitete, kam unendlich viel Unordnung in sein Leben".[3]

Es ist ein einzigartiger Paragone, der sich vor unseren Augen abspielt und der noch Künstler wie Jean Fautrier, Salvador Dalì oder Robert Rauschenberg inspirierte: ein Ausloten von bildnerischer und poetischer Phantasie, der Formen höllischer Pein, menschlicher Hoffnung und letzter Erkenntnis, von Vergangenheit, Gegenwart und Zukunft. Wir können die *Commedia Botticellis*, ähnlich einem modernen Bildungsroman, als Lebensweg lesen, entlang der Reiseroute und den stets angezeigten Befindlichkeiten der Hauptfigur: vom Zustand tiefer seelischer Verwirrung, die mit Hilfe der von Vergil verkörperten Vernunft und abschreckender Bilder der verkehrten Welt des Bösen aufgelöst wird, über den individuellen Prozess der Läuterung eines immer reifer werdenden Menschen bis hin zur dritten Station, der von Beatrice begleiteten Seinsform unendlicher Freiheit, Voraussetzung für die Versöhnung mit Gott und für die höchste, am Ende in purem Licht aufgehende Schau seiner Existenz. Botticelli geht in der formalen äußeren Regelmäßigkeit, der klaren topographischen Struktur und der teils genauen (das betrifft Inferno und Purgatorio), teils auffällig reduzierten Schilderung im Paradiso über alle anderen Versuche, die *Göttliche Komödie* in Bilder zu übertragen, weit hinaus, indem er sich im Vergleich zur klassischen Buchmalerei nicht auf die Wiedergabe traditioneller oder willkürlich gewählter, meist in die Textseite integrierter Episoden beschränkt, sondern ein umfassendes Erzählkontinuum schafft.

So schildert Botticelli die Geschehnisse und narrativen Details jedes Gesangs der Hölle und des Läuterungsberges in Form einer ‚primitiven', phasenverschobenen Simultaneität als einheitliches Gebilde auf einem eigenen Blatt. Im *Paradiso* aber überträgt er diese *kinematische* Technik auf die ganze Serie. Dem entspricht die von Canto zu Canto zunehmende Beschleunigung der Reise durch die Himmelsradien, bei Dante motiviert durch den Sog der oberen Sphären und höchsten Himmel sowie vice versa durch die ursprüngliche Sehnsucht der Seelen nach Gott. Blick und szenische Abfolge konzentrieren sich auf die Hauptfiguren, die gegenüber den Einzelbildern des Inferno und Purgatorio um das doppelte vergrößert wurden, auf deren Stellung zueinander, deren dialogische Gesten und rhetorische Botschaften. Die lokale Anbindung an jeweils einen Gesang des Paradiso ist weitgehend nur noch der medialen Beschränkung, nicht mehr der zunehmend theologisch-philosophischen Explikationen geschuldet. Stellt man sich die Bilder einmal nicht auf undurchlässigem Grund, sondern transparent hintereinander montiert vor, so funktionieren die Illustrationen wie ein Daumenkino bzw. ein schnell überblendender Filmstreifen. Sie werden von einem Rhythmus getragen, der von ruhigen Szenen über leichte und heftige Bewegungen wieder zu Standbildern führt. In jeder der Szenen fügen sich die Stellungen und Gebärden unseres Paares Dante und Beatrice, nur um einen winzigen Augenblick verschoben, in den Verbund der vor- und nachgeschalteten Canti ein.

Mit dieser Feststellung stoßen wir auf das dem Inferno diametral entgegen gesetzte, zentrale Strukturprinzip des Paradiso-Zyklus. Denn stellen wir uns die Zeichnungen eng hintereinander geblendet vor, dann ergibt sich eine in Phasen gegliederte dialogische Einheit, eine konzentrierte szenische Sequenz, die im Kern nur eine sehr kurze Geschichte erzählt. Die geschilderten Ereignisse nehmen über den Gesamtzyklus hinweg ab, und zwar proportional zur Erleichterung der Reise, zur Stärkung der seelischen Verfasstheit und moralischen Würde unseres Helden Dante sowie zum Anwachsen der stofflichen Transparenz, der motorischen Energie und zur Lichthaltigkeit der umgebenden Räume. Mit anderen Worten: Die *Storia* wird gerade in dem Teil des Epos, der am Ende zu ihrer Aufhebung in reiner Anschauung und Erleuchtung führt, enorm gerafft.

In Rücksicht darauf beschleunigt Botticelli die visuelle Erzählzeit im Paradiso gegenüber dem Inferno und auch dem Purgatorio, wobei die kurzen Takte an die immergleiche Figurengruppe und äußerlich ähnliche Räume gebunden sind. Das Vorgehen steht in vollem Einklang mit den Intentionen des Autors Dante. Dessen wiederholte Hinweise auf den äußerst rapiden Flug durch die kugelförmig ineinander geborgenen, nur in ihren Transparenzen unterschiedenen Sphären und auf die Einheit sämtlicher Himmelsschichten als mimetisches Abbild des Empyreums erinnern stets daran, dass die Ungleichzeitigkeit der Bilder, die unser Held auf der Reise wahrnimmt, nur allegorisch bedingt ist – um den blendungsgefährdeten, beschränkten Sinnen des Menschen nach und nach einen Zugang zu diesem Reich zu verschaffen – und dass sich das wahre Paradies, also die höchste Stufe der Erkenntnis, das Aufgehen des Glaubens in unmittelbarer Erfahrung, erst in der simultanen Schau der Wirkkräfte, in der Schau des Urbildes offenbart.

Dieses All-Sehen ist durch keine andere Grundform als den Kreis – wie seine dreidimensionale Ausprägung als Kugel das Symbol der Unendlichkeit – zu versinnbildlichen. Kreise deuten die nach außen und von jedem Punkt auch nach oben hin transparenter, weiter und lichtvoller werdende Sphären an und bezeichnen nicht nur einzelne Planeten oder das schematische Modell des Kosmos, sondern den ganzen Himmel als spirituellen Raum, zuletzt die Erkenntnis Gottes und die vollständige Absorption im Rad der allbewegenden Liebe. So blieb bisher unbeobachtet, dass von Canto II (Abb. 1) bis hin zum Kristallhimmel, dem *Primum Mobile*, jedes der Ringsysteme aus genau neun Radien besteht.[4] Das, was sich stets zunehmend und schließlich zur Ansicht der Vollversammlung in körperlicher Gestalt entfaltet, die Totalität des Paradieses, gibt von Anfang an die Struktur der Bilder ab. Sie ist im Planetenhimmel, wie der auch zeichnerisch herrlich differenzierte Canto Paradiso VI zeigt (Abb. 4), dem tatsächlichen Ort und den Intentionen Dantes gemäß noch einem äußeren Kreis eingeschrieben. Dann – als Beispiel mag nun Canto Paradiso XXVI dienen (Abb. 5) – entgrenzen sich die neun Flämmchenringe und später die Engelreigen zu einem offenen, sphärisch gekrümmten Gebilde, das die ungebrochene Gesamtschau des Heils wie in einem 360°-Kino vorbereitet. Das Metabild des Paradieses ist jedem Canto hinterlegt – und zwar sowohl im großen Gedicht Dantes als auch im Werk seines kongenialen Bildpoeten.

1 Zuletzt umfassend in: Hein-Th. Schulze Altcappenberg, Sandro Botticelli - Der Bilderzyklus zu Dantes Göttlicher Komödie. Mit einer repräsentativen Auswahl von Zeichnungen Botticellis und illuminierten Commedia-Handschriften der Renaissance, Ausst.-Kat. Staatliche Museen zu Berlin, Kupferstichkabinett, Berlin, London 2000. Vorliegender, überarbeiteter und ergänzter Text gründet auf Teilen dieser Publikation.

2 Da Botticelli die Kreise vorab auf mehr Blätter zeichnete oder zeichnen ließ als zur Kennzeichnung der Planetensphären später benötigt, wurden sie auf Darstellungen höherer Canti wieder ausgestochen, was in Reproduktionen nur durch Nuancen der Strichschärfe zu erkennen ist.

3 “[...] se ne tornò subitamente a Fiorenza. Dove per essere persona sofistica commentò una parte di Dante: & figurò lo inferno, & lo mise in Stampa, dietro al quale consumò di molto tempo, per il che non lavorando fu cagione di infiniti disordini alla vita sua“; zitiert nach der erweiterten Originalausgabe: Vasari, Giorgio: Le vite de’ piu eccellenti pittori, scultori e architettori, 1568, Bd. 1, S. 472.

4 Die neun Sphären sind sogar dort angelegt, wo sie noch nicht mit Figuren oder den über weite Strecken üblichen Flämmchen der Seligen besetzt, sondern nur mit dem Zirkel vorgeritzt wurden (z. B. Canto Paradiso IX, Himmel der Venus). Wie erwähnt, bezeichnen die zusätzlichen inneren drei Kreise des Schemas auf Canto Paradiso II noch keine himmlischen Sphären, sondern die sublunaren Teile des ptolemäischen Kosmos, also die Erde, die Atmosphäre und die Feuerzone.

Kreis, Kugel und Kosmos im islamischen Mittelalter

Claus-Peter Haase

Der vielseitige und gewaltige kulturelle Aufschwung, der auf die rasche politische Expansion in der Frühzeit des Islams folgte, erbrachte eine Neubewertung antiken Wissens und den kritischen Vergleich mit anderen Nachbarkulturen. Auf die Übersetzer in den Philosophie- und Wissenschaftsschulen von Bagdad und anderen Zentren von Andalusien bis Iran wirkte vom 9. bis 12. Jahrhundert ein nahezu einheitliches Auswahlkriterium: der pragmatische arabische Geist, der das Verhältnis von Mensch und Kosmos oder Mensch und Natur auf seine Berechenbarkeit fokussierte. Die Erkenntnisse der aristotelischen Schulen, der antiken Wissenschaftler und Mediziner wurden offenbar auf ihre praktische Anwendbarkeit ausgewählt und an alten persischen, indischen und wohl auch altorientalischen Überlieferungen geprüft. Umstritten ist das Verhältnis der Wissenschaftler zur islamischen Religion und Theologie, die zumindest zu Beginn aber selbst von Logik und Methodologie antiker Gelehrter

Abb. 2 Muhammad ibn Mu'ayyad al-Wardi, Islamischer Himmelsglobus mit Sternbildern nach Ptolemäus, Iran, 1288
Dresden, Staatliche Kunstsammlungen, Mathematisch-Physikalischer Salon, Inv. E II 1

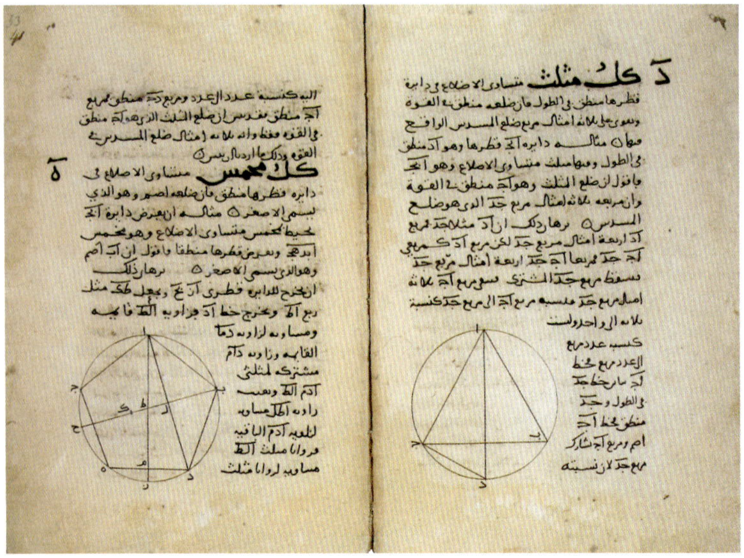

Abb. 1 Die Konstruktion eines Fünfecks aus der arabische Übersetzung der *Elemente* Euklids von Ishaq ibn Hunain aus dem 8. Jahrhundert
Marokkanische Handschrift von 1284/85, Rabat, Hasaniyya-Bibliothek, Inv. 1101

profitierten, etwa bei der Diskussion um die Erschaffung oder Uranfänglichkeit des Korans und der religiösen Gebote.

Der praktische Nutzen von Astronomie und Mathematik für agrarische und ökonomische Zwecke war bereits im Alten Orient bekannt. Der *Almagest* des Ptolemäus wurde mit etlichen Verbesserungen zum oftmals neu ins Arabische übersetzten Handbuch für Astronomen und Seefahrer. Jetzt folgten Regelwerke aus der Geometrie und Mechanik, die *Elemente* von Euklid wurden gleich dreimal übersetzt und fanden beispielsweise in den überwältigenden Kuppel-Architekturen von Moscheen und der Berechnung und Konstruktion des reichen islamischen Ornamentrepertoires Anwendung. In der Mathematik erfanden Araber neue Annäherungs-Rechenarten – „Algorithmus" ist ein Wort aus dem Arabischen –, die später in Europa rezipiert wurden. Die berühmten und auch im Abendland gesammelten und kopierten astronomischen Instrumente umfassten Astrolabien und Himmelsgloben (Abb. 2), letztere entsprechend der Auffassung von der Kugelform des Universums mit Abbildung der Sternbilder.

Schließlich wurden in spielerischer Form Geräte wie Räucherkugeln (s. Seite 25) und mechanische Instrumente entworfen, deren Funktionen höfisches Wohlleben und die Lust am „Um-die-Kurve-Denken" verraten (Abb. 3). Sie setzen allerhöchstes Mäzenatentum voraus und wurden – wie berühmte Uhren in Damaskus und im marokkanischen Fas - nur lokal und beiläufig zu jedermanns Nutzen eingesetzt, lassen aber in den reinen geometrischen Formen die Vorliebe für Symmetrie und Ausgewogenheit der islamischen Ästhetik erkennen.

Abb. 3 Entwurf zu einer Wasseruhr, aus dem 1206 von al-Jazari verfassten *Werk der nützlichen Theorie und einfallsreichen Konstrukte*
Handschrift von 1315, Boston, Museum of Fine Arts, F. Bartlett Donation and Picture Fund, 14.533

Homo bulla

Zum Motiv der Seifenblase als Sinnbild der Vergänglichkeit

Bernd Ebert

Hast du schon einmal gesehen, wie von einem Wasserfall Blasen aufgeworfen werden? Ich meine diese Luftkringel, aus deren Ansammlung der Schaum entsteht. Manche von ihnen sind klein und zerplatzen sofort, manche dauern länger, und wenn andere mit ihnen zusammenfließen, blähen sie sich zu gewaltigem Umfang auf. Einmal aber zerbersten auch sie. Es kann ja gar nicht anders kommen. Ebenso ist es mit dem Leben der Menschen. Alle sind mit Luft angefüllt, die einen größer, die andern kleiner. Und bei den einen hat die Aufblähung eine gewisse, wenn auch nur geringe Dauer, die andern verschwinden mit ihrem Entstehen. Zerplatzen aber müssen sie alle.[1]

Lukian von Samosata (2. Jahrhundert n. Chr.), Charon 19

Es bedarf ein wenig Konzentration, Geduld und Übung. Doch wie groß ist dann die Freude, wenn aus dem Blasröhrchen nach leichtem, vorsichtigen Pusten langsam ein hauchdünner Film zu einer länglichen Blase anwächst, die sich schließlich in vollendet runder Gestalt vom Röhrchen löst, um im selben Moment in die Luft zu entschweben. Wie faszinierend leuchten die unzähligen Farben auf der Oberfläche und spiegeln sich die Lichtreflexe der Umgebung wieder.[2]

Die Fotografie von Mathilde Weil, aufgenommen im Jahre 1902, zeigt zwei auf dem Boden eines Schlafzimmers sitzende Mädchen, die voller Hingabe mit Seifenblasen spielen (Abb. 1). Eine Hand aufgestützt, versuchen sie vorsichtig und voller Konzentration, eine große Seifenblase zu formen, ohne dass diese bereits während ihrer Entstehung zerplatzt. Anders als bei einem Ring, aus dem eine Vielzahl kleiner Seifenbläschen hintereinanderweg emporsteigt, weckt die einzelne, aus dem Röhrchen wachsende Blase größte Aufmerksamkeit. Ihren Blick auf die im Seitenlicht glitzernde Oberfläche gerichtet, erwarten die Mädchen mit Spannung das Ergebnis ihres Tuns.

Auch auf dem 1594 datierten Kupferstich des Hendrick Goltzius spielt ein Putto, auf einen Totenschädel gelehnt, mit Seifenblasen (Abb. 2). Vor ihm ragt eine Blume empor, während rechts im Hintergrund aus einer metallenen Urne oder Vase starker Rauch aufsteigt. Unterschrieben ist das Blatt mit der Frage „Quis evadet?“ – Wer kann entrinnen? Die Antwort gibt der Vers von Franco van Est, genannt Estius, unter der Darstellung:

> Die frische Blume, leuchtend im Frühling und duftend,
> verwelkt plötzlich und die Schönheit vergeht schnell.
> So vergeht auch das Leben der eben Geborenen
> und entflieht gleich einer Seifenblase aus leerem Dunst.[3]

Abb. 1 Mathilde Weil, Seifenblasen, 1902
Platindruck, 16,0 x 20,8 cm, Staatliche Museen zu Berlin, Kunstbibliothek, Museum für Photographie, Inv. 15,261, SF 7593,12

Der in dem Vers angesprochene Vergleich des menschlichen Lebens mit einer Seifenblase bringt die über einem seifenblasenden Putto zu lesende Inschrift in einem Stich nach Jacques de Gheyn II auf die prägnante Formel: „Homo bulla" – Der Mensch ist eine Blase (Abb. 3). Dieses Motto geht zurück auf ein gleich lautendes antikes Sprichwort, das erstmals in Varros *De Re Rustica* und Lukians *Charon* nachgewiesen werden kann,[4] seine weite Verbreitung in den Niederlanden des 16. und 17. Jahrhunderts ist allerdings weniger den antiken Autoren als vielmehr der Sprichwortsammlung *Adagia* des Erasmus von Rotterdam zu verdanken hat, die 1500 erstmals erschien.[5]

Die Stiche von Goltzius und nach de Gheyn II haben ihren Ursprung in der mittelalterlichen Bildtradition des „Memento mori" – Gedenke, zu sterben. Bilder des Todes mahnen, sich der Kürze des Lebens bewusst zu werden. Während aber in den mittelalterlichen Darstellungen der Tod stets personifiziert wiedergegeben ist, so etwa in der Gattung der Totentänze, wird in niederländischen Allegorien des 16. und frühen 17. Jahrhunderts auf die direkte Konfrontation mit dem Tod in Gestalt des Sensenmannes weitestgehend verzichtet. Die indirekte Botschaft teilte sich dem zeitgenössischen Betrachter jedoch nicht minder eindringlich und unmissverständlich über Attribute und Inschriften mit.[6] Häufig werden dabei kontrastierende Motive, wie ein nackter Putto und ein Totenkopf

Abb. 2 Hendrick Goltzius, Quis evadet?, 1594
Kupferstich, 19,3 x 15,3 cm, Staatliche Museen zu Berlin, Kupferstichkabinett (Hollstein VIII, 110; Bartsch III, 10)

zusammengebracht, um die Gegensätze zwischen Schönheit und Verfall oder sattem Leben und unvermeidlichem Tod zum Ausdruck zu bringen.[7]

Motivgeschichtlich geht die Seifenblase zurück auf die Glaskugel. Als Kugel ist sie Attribut Gottes und Zeichen für die Welt. Vor allem in der Kunst nördlich der Alpen wurde die Kugel seit dem 16. Jahrhundert Sinnbild der Vanitas.[8] Ihr haftet die Bedeutung von Unbeständigkeit und Unsicherheit an, die sich bereits in ihrer Darstellung als Fortuna-Attribut seit dem 15. Jahrhundert ankündigte.[9] Besonders die durchsichtige Glaskugel vereint in sich die sprichwörtliche Zerbrechlichkeit und Schönheit des Glases und damit auch die Schönheit der vergänglichen Welt. Da sie über die Maßen fragil ist, steht sie für die Eitelkeit der weltlichen Dinge und der verblendenden Schönheit der Welt.[10] Während die Seifenblase vornehmlich entsprechend der Formel „Homo Bulla" die Eitelkeit des menschlichen Lebens vor Augen führt, bringt die als Vanitassymbol entwickelte gläserne Kugel Welt und Mensch unter dem Gesichtspunkt der Vergänglichkeit in Beziehung.[11] Durch ihre Belebung mit menschlichen Figuren entwickelt sie

Abb. 3 Nach Jacques de Gheyn II, Mors Sceptra ligonibus aeqvat
Radierung nach einer vorbereitenden Zeichnung im British Museum von 1599, 45,7 x 35,2 cm, Amsterdam, Rijksprentenkabinet (Hollstein VII, 98, New Hollstein 124/II)

sich zu einem moralischen Sinnbild: „Jeder muß sie passieren, und der Einsichtige weiß, daß sie an wahrem Gewinn nichts zu bieten hat."[12] Das Durchschreiten der Kugel deutet im 17. Jahrhundert, wie das Stundenglas und die Personifikation des Chronos, das Verrinnen der Zeit an. Angezogen von ihrer Schönheit betreten wir die Welt und verlassen sie gekrümmt mit einem Stundenglas in der Hand, das bereits ausgehobene Grab nur noch einen Schritt voraus (Abb. 4 und S. 50).

Neben jenen Darstellungen, welche die Sterblichkeit des Menschen und die Kurzweiligkeit seines Lebens zum Thema haben, gibt es solche, in denen die Vergänglichkeit irdischer Werte und Freuden, wie Ruhm, Macht, Reichtum oder Liebe[13] im Vordergrund stehen. „Sic (transit) gloria mundi" – So vergeht der Ruhm der Welt – lautet das Motto der frühesten bekannten Darstellung seifenblasender Kinder auf einem um 1530 in Köln entstandenen Glasgemälde (Abb. 5).[14]

In einem Stillleben des Pieter de Ring aus dem Jahre 1650 (siehe S. 53) deuten neben dem seifenblasenden Mann auf der rechten aufgeschlagenen Buchseite zahlreiche weitere Motive auf das Thema der Vergänglichkeit hin. Der Erdglobus ist Kennzeichen der Welt und zugleich Sinnbild für das eitle Bestreben des Menschen, sich territorial auszuweiten. Geldbeutel, Münzen und Schmuck stehen für irdischen Reichtum, während die Würfel auf die Kurzweiligkeit des Glücks und die Musikinstrumente und das Notenheft auf die nur zeitweilige Freude an den wieder verstummenden Klängen der Musik verweisen.[15] In der Mitte der Schriftseite des Buches ist mahnend die Aufschrift „Memento mori" zu lesen.

Noch prunkvoller sind die Gegenstände, die in einer Allegorie der Vergänglichkeit von Cornelis de Vos dargeboten werden (Abb. 6). Die aus dem Blasröhrchen des Jungen anschwellende Seifenblase war für den gebildeten zeitgenössischen Betrachter nicht nur Hinweis auf die Vergänglichkeit menschlichen Lebens, von Jugend und Schönheit, sondern versinnbildlichte zusammen mit den aufgetürmten Prunkgefäßen zugleich die Nichtigkeit von Glück, Macht und irdischen Reichtümern. Eine solche Ambivalenz ist besonders für die niederländische Malerei des 17. Jahrhunderts kennzeichnend, in der Seifenblasen nicht allein in Stillleben und Allegorien, sondern ebenso in Genreszenen stets wiederkehren.[16]

Dass die Seifenblase auch in den folgenden Jahrhunderten als Sinnbild der Vanitas erhalten bleibt, belegt neben Werken der Maler des bürgerlichen Genres in Frankreich im 18. Jahrhunderts, wie beispielsweise Jean-Baptiste Siméon Chardin oder Nicolas Lancret,[17] ebenso die Illustration in einem englischen Kinderbuch aus dem Jahre 1880.[18] Ein seifenblasender Junge spielt hier zusammen mit anderen Kindern vor einer Friedhofsmauer, über welche die soeben von ihm in die Luft gepusteten Seifenblasen in Richtung eines Leichenzuges schweben. Unterschrieben ist das Bild mit den Zeilen:

Man’s life is a bubble as light as air,
Floating away now here, now there,
The bubble looks likely to float all day,
But man’s life sooner doth fade away.

Wie aktuell dieses Bildmotiv auch noch in jüngster Zeit ist, zeigen die Arbeiten von Teresa Margolles (Abb. 7) und Julee Holcombe (Abb. 8). Die Installation von Margolles, bei der mit Maschinenkraft unzählige Seifenblasen in einen Raum entlassen werden, erfährt in dem Moment eine inhaltliche Wendung, wenn der Besucher, auf dessen Körper die Blasen zerplatzen, erfährt, dass die Flüssigkeit zuvor zur Reinigung von Toten vor deren Obduktion diente. Irritiert erlebt er den Tod „hautnah“, verlässt den Raum aber im Bewusstsein, selbst noch am Leben zu sein.

Holcombes inszenierte Fotografie hingegen bringt dem Betrachter die Mahnung an die Kürze menschlichen Lebens und die Vergänglichkeit irdischer Werte auf scheinbar traditionelle Weise nahe, indem sie vermeintlich der Komposition eines barocken Stilllebens entnommene Vanitasmotive, wie Bücher, erlöschende Kerze und ablaufende Sanduhr mit dem Bild zweier Kinder kombiniert, von denen eines verträumt der über ihm schwebenden Seifenblase nachschaut, den Ring zum Herstellen der Blasen noch in der Hand. Wenngleich auch die Inszenierung vor dunklem Hintergrund und das von links oben einfallende Licht an barocke Bildkompositionen erinnern, schaffen sowohl die Kleidung der Kinder als auch der moderne Gameboy in den Händen des zum Betrachter gewandten Mädchens den Bezug zur Gegenwart. Auf diese Weise führt Holcombe dem Betrachter die Aktualität des Ausspruchs „Homo bulla" vor Augen.

Dieser motivgeschichtliche Hintergrund eröffnet uns nun auch einen anderen Blickwinkel auf die Fotografie Mathilde Weils: Die Seifenblasen der beiden Mädchen sind Symbol für das menschliche Leben, sowohl für seine Schönheit als auch für seine Vergänglichkeit.

> ... wenn ich nur mehr Zeit hätte, würde ich mir mit der Formulierung dieser Arbeit mehr Mühe geben. Da ich sie aber nicht habe, will ich nur das tun, was ein Mensch vermag, der an die Notwendigkeit, sich zu eilen, denken muß. Man sagt, der Mensch sei wie eine Luftblase ... Das mahnt mich, mein Bündel bereit zu halten für die Reise aus dieser Welt.[19]

Abb. 4 So genanntes Breslauer Stammbuch, 1620, Blatt 137
Museum für Kunst und Gewerbe Hamburg, Inv. BZV 1882.419

Abb. 5 Zwei seifenblasende Knaben, Köln, um 1530
Glasmalerei, 82 x 58 cm, Köln, Schnütgen-Museum, Inv. M 572

Abb. 6 Cornelis de Vos, Allegorie der Vergänglichkeit
Öl auf Leinwand, 190 x 194 cm, Braunschweig, Herzog Anton Ulrich-Museum, Inv. 109

Abb. 8 Julee Holcombe,
Homo bulla, 2005
Chromogenic-Print, 48,3 x 71,1 cm,
Courtesy of Conner Contemporary
Art Gallery, Washington D. C.

1 Lukian, Charon oder die Betrachtung der Welt, übersetzt und hrsg. von Albert von Schirnding, München 1977, S. 55.
2 Besonders am Farbenspiel auf der Seifenblase ist die Reflektion des weißen Lichts sowohl auf der Außen- wie auch Innenseite des Seifenfilms. Dadurch bilden sich so genannte Interferenzzonen, die zu einer Verstärkung oder sogar zum Erlöschen einer Farbe führen können. Die sichtbaren Farben, die sich wie im Prisma durch die jeweilige Brechung des Lichtes ergeben, lassen aufgrund ihrer sehr unterschiedlichen Wellenlänge sogar Rückschlüsse auf die Stärke der Seifenblasenhaut zu. Vgl. Klaus Bach, Zu den Farbseiten, in: Seifenblasen. Forming Bubbles, hrsg. von Klaus Bach, Berthold Burkhardt und Frei Otto, Stuttgart 1987, S. 387.
3 »Flos novus, et verna fragrans argenteus aura / Marcescit subito, perit, ali, perit illa venustas. / Sic et vita hominum iam nunc nascentibus, eheu, / Instar abit bullae vanique elapsa vaporis.« Übersetzung nach: Ausst.-Kat. Die Sprache der Bilder. Realität und Bedeutung in der niederländischen Malerei des 17. Jahrhunderts, Herzog Anton Ulrich-Museum, Braunschweig 1978, Kat.-Nr. 41a, S. 177.
4 Marcus Terentius Varro, De Re Rustica, Lib. I, Kap. 1, Abs. 1; Lukian von Samosata, Charon 19.
5 Erasmus von Rotterdam, Opera omnia, Leiden 1703, II, S. 500-503, Adagium Chil. II, Centur. III, Prov. XLVIII, d. h. Nr. 1248 (Nr. 1252 in der Aldine-Ausgabe vom September 1508), zit. nach Wolfgang Stechow, Homo Bulla, in: The Art Bulletin 20 (1938), S. 227, Anm. 7. Zur Ikonographie der Seifenblase siehe ferner: John Baptist Knipping, De iconografie van de Contra-Reformatie in de Nederlanden, 2 Bde., Hilversum 1939-40, Bd. 1, S. 117f.; Rudolf Wittkower, Death and Resurrection in a Picture by Maarten De Vos, in: Miscellanea Leo van Puyvelde, Brüssel 1949, S. 117-123.
6 Bevor der Vergleich des menschlichen Lebens mit einer Seifenblase in bildlicher Form zum ersten Mal nachzuweisen ist, erscheint das Motto »Homo bulla« bereits als mahnende Inschrift auf Gemälderückseiten, u. a. auf dem Bild des Heiligen Hieronymus von Joos van Cleve, entstanden nach 1521, Pattensen, Sammlung Prinz August von Hannover.
7 Vgl. Horst W. Janson, The Putto with the death's head, in: The Art Bulletin 19 (1937), S. 423-450.
8 Der lateinische Begriff „vanitas", der übersetzt soviel wie leerer Schein, Nichtigkeit und Eitelkeit bedeutet, umschreibt die alttestamentarische Vorstellung des Menschen, wiedergegeben z. B. in einem Vers des Predigers Salomo (Pred. 1, 2): „Es ist alles ganz eitel". Der Begriff „eitel" meint nach dem damaligen Sprachgebrauch „nichtig". Zum Motiv der gläsernen Kugel als Vergänglichkeitsmotiv vgl. Liselotte Möller, Bildgeschichtliche Studien zu Stammbuchbildern II. Die Kugel als Vanitassymbol, in: Jahrbuch der Hamburger Kunstsammlungen 2 (1952), S. 157-177.
9 Möller, Kugel (Anm. 8), S. 160. Für Beispiele der Kugel als Fortuna-Attribut vgl. Möller ebd., Anm. 10 auf S. 174.
10 Vgl. dazu auch den Stich des Theodor Galle, auf dem ein Fuchs - Sinnbild der Listigkeit - gezeigt ist, der eine Kugel aufbläst, die mit »mundus, speculorum fallacium fallacissimum" - Die Welt, der trügerischen Spiegel trügerischster - bezeichnet ist. Der Stich illustriert Ionnes David, Duodecim specula, Antwerpen 1610, S. 11, s. v. Speculum Fallax.
11 Möller, Kugel, 1952, S. 175, Anm. 40.
12 Percy Ernst Schramm, Sphaira. Globus. Reichsapfel, Stuttgart 1958, S. 166f.
13 Zur Unbeständigkeit der Liebe in Gestalt eines seifenblasenden Putto siehe beispielsweise das Emblem des Daniël Heinsius mit dem Titel Het ambacht van cupido, in: Nederduytsche poemata, Leiden 1621, S. 20f.
14 Vgl. Brigitte Lymant, Sic transit gloria mundi. Ein Glasgemälde mit Seifenblasen als Vanitassymbol im Schnütgen-Museum, in: Wallraf-Richartz-Jahrbuch XLII (1981), S. 115-132.
15 Zur Deutung von Musikinstrumenten als Vanitassymbol vgl. Pieter Fischer, Music in paintings of the low countries in the 16th and 17th centuries / Musik auf niederländischen Gemälden im 16. und 17. Jahrhundert, in: Sonorum Speculum 50/51 (1972), S. 56-98.
16 Zu weiteren niederländischen Stillleben mit Seifenblasen vgl. Ausst.-Kat. Ijdelheid der ijdelheden. Hollandse Vanitas-voorstellingen uit de zeventiende eeuw, Leiden 1970, Kat.-Nr. 1, 12, 13, 27. Für die bildliche Umsetzung in der Genremalerei sind beispielhaft die Werke von Esaias Boursse, Zwei Jungen mit Seifenblasen, Suermondt Ludwig Museum, Aachen, Inv. 56 (vgl. R. Keyszelitz, Die beiden Seifenbläser des Essaias Boursse im Aachener Suermondt Museum: eine Allegorie der Vanitas, in: Aachener Kunstblätter 16 (1957), S. 19-27, Abb. 17) und Jan Steens, De brouwerij van Jan Steen, im Mauritshuis in Den Haag zu nennen. In der Ausstellung sind zwei weitere Objekte der Staatlichen Museen zu Berlin mit dem Motiv seifenblasender Kinder gezeigt (silberner Schraubtaler mit Kalender, darauf zwei Knaben im Spiel mit Seifenblasen, Mitte 17. Jahrhundert, Kunstgewerbemuseum, Inv. F 3603 und S. 51).
17 So z. B. Jean-Baptiste Siméon Chardin, Die Weißwäscherin (La Blanchisseuse), um 1733/34, Stockholm, Nationalmuseum und Seifenblasen (Les bulles de savon), nach 1739, Los Angeles County Museum of Art, Inv. M.79.251. Vgl. Ella Snoep-Reitsma, Chardin and the bourgeois ideals of his time, in: Nederlands Kunsthistorisch Jaarboek 24 (1973), S. 147-243. Zu einem Beispiel des Nicolas Lancret vgl. den Nachstich von Nicolas-Henri Tardieu von 1732, Die Luft (L'air), Amsterdam, Rijksprentenkabinet, Inv. RP-P-OB-74.446.
18 Afternoon tea: rhymes for children, mit Illustration von J. G. Sowerby und H. H. Emmerson, London 1880, S. 36f. Zu weiteren bildlichen Darstellungen dieses Themas im 19. Jahrhundert vgl. Ausst.-Kat. Tot lering en Vermaak. Betekenissen van Hollandse genrevoorstellingen uit de zeventiende eeuw, Amsterdam 1976, S. 46.
19 Marcus Terentius Varro (116-27 v. Chr.), De Re Rustica, Lib. I, Kap. 1, Abs. 1, zit. nach Lymant, Sic transit (Anm. 14), S. 121.

Abb. 7 Teresa Margolles, En el aire, 2003
Installation in der Ausstellung „Teresa Margolles: Muerte sin fin", Frankfurt am Main, Museum für Moderne Kunst, 24.4.–15.8.2004

Zur Symbolik des Kreises in der indischen Kunst

Kati Weise

Religiös gebunden, dient die Kunst in Indien sowohl der Visualisierung des Göttlichen als auch seiner Verehrung. Götterdarstellungen werden aus der Meditation heraus geschaffen und für diese verwendet. In ihnen offenbaren sich die verschiedenen Aspekte der Vollkommenheit. Ein Symbol dieser Vollkommenheit ist der Kreis, in ihm spiegelt sich das Göttliche in seiner reinsten Form wider. Er erscheint als Nimbus einer Gottheit, im Flammentanz Shivas wie im Spiel Krishnas (Krishna-lila), in der Lotusblüte und in kosmologischen Vorstellungen (Loka), als Mandala, Stūpa und Sonne. Da der Kreis weder Anfang noch Ende besitzt, ist er die Unendlichkeit, der immerwährende Zustand, ist er Kosmos, Gesetz, Geist, Energie und Ordnung. Als Sonderform des Kreises wurde das Rad zur Metapher für das zyklische Werden und Vergehen auf Erden und für den Kreislauf der Zeit.

Seit den Upanishaden, einer Sammlung philosophischer Schriften aus dem 8. bis 3. Jahrhundert v. Chr., ist in den indischen Mythen und in der indischen Religion, im Denken und Handeln der Menschen die Vorstellung einer immerwährenden Wiederkehr, eines Kreislaufes der Wiedergeburten (Samsāra) fest verankert. Dieses Bewusstsein beruht auf der Erfahrung vom zyklischen Verlauf der Zeit, wie sie etwa im Wechsel zwischen Tag und Nacht, der Jahreszeiten und der Gestirne zum Ausdruck kommt. Es gibt keinen Anfang und kein Ende. Alles – das Leben, die Welt, der Kosmos – ist zyklisch gedacht.

Diese Auffassung findet sich in den Schöpfungsmythen der Puranas[1], in die das hindu-religiöse Zeitbewusstsein ebenso wie die Vorstellungen von Entstehung und Zerstörung der Welten einflossen. Welche Gottheit als höchstes Wesen gepriesen wird, ob nun Vishnu oder Shiva, spielt im intuitiven zyklischen Weltverständnis keine Rolle.

In dem nun folgenden Beispiel verkörpert Vishnu das Absolute, aus ihm heraus entwickelt sich die gesamte Welt, in ihn kehrt sie wieder zurück. Dieser Vorgang währt ewig, es gibt keinen Anbeginn und es gibt kein Ende. Vishnu, als kosmischer Gott, ruht im Ozean auf seiner Schlange, welche die indische Mythologie als Ananta (Endlos) oder Shesa (Rest) kennt. Aus seinem Nabel wächst eine, sich langsam entfaltende, Lotusblüte. Aus dieser erhebt sich der Gott Brahma. Er ist der Schöpfer der drei Welten (Erde, Himmel und den Zwischenraum), der Pflanzen, Tiere und Menschen.

Was wie ein Beginn erscheint ist Teil eines ewigen Zyklus, der in vier Weltzeitalter (Yuga) unterteilt wird. Diese lassen sich mit den vier Weltaltern der griechisch-römischen Überlieferung vergleichen. Die klassische Antike benannte sie nach den Metallen Gold, Silber, Kupfer und Eisen, der Hindu nach den vier Würfen im indischen Würfelspiel: Krita, Treta, Dvapara und Kali.

Von Weltzeitalter zu Weltzeitalter verliert das moralische Gesetz der Welt (Dharma), welches immer existiert und in den Sphären, Kräften und Wesen der Welt offenbar wird, an Macht. Vishnu, in seiner Funktion als Erhalter und Bewahrer des Dharma erscheint in jedem Weltzeitalter in anderen Formen, um das Gleichgewicht der Kräfte zu erhalten. In dieser Abfolge ist ein Aufstieg, vom Wassertier zum Landtier zum Mensch, zu sehen. Im Heute, dem Kali-Yuga, in unserer Gegenwart, triumphieren dieser Vorstellung nach die egoistischen, habgierigen, neidischen und arroganten Kräfte.

Am Ende des jetzigen Weltzeitalters wird Vishnu in seiner 10. Inkarnation als weißes Pferd (Kalkin) erscheinen, um die guten, dem Dharma treuen Menschen zu retten. Danach wird die Welt untergehen, da niemanden mehr existiert, der den Dharma befolgt. Die Menschen leben in Krieg, Gier, Lust und Lüge. Vishnu, zum Vernichter geworden, wird alle Lebewesen zerstören. Das Wasser auf dieser Welt verschwindet, Dürre wird herrschen und ein Flammenmeer verbrennt die Welten. Ein sintflutartiger Regen löscht das Feuer und überschwemmt alles. Danach ruht Vishnu wieder auf seiner Schlange im Ozean (Abb. 1). Abermals wächst aus dem Nabel des Gottes eine Lotusblüte, die sich entfaltet, Brahma in sich trägt und von neuem beginnt die Schöpfung.[2]

Dieser Mythos ist nicht nur ein Beispiel für die Schöpfung und Vernichtung der Welt, sondern konnte auch Vorlage für die Darstellungen von zyklischer Zeit sein. Die ältesten bekannten bildlichen Darstellungen des Gottes Vishnu stammen aus dem 1. Jahrhundert n. Chr. Vishnu wird in unendlich vielen Erscheinungsformen verehrt, die am weitesten verbreitete ist die des kosmischen Vishnu (Vishnu Nārayāna) als Schöpfer, Bewahrer und Erhalter des Dharma (Abb. 2). Der kosmische Vishnu ist vierarmig. Als Attribute trägt er in seinen beiden hinteren Händen die Keule und das Rad sowie in der vorderen linken Hand die Muschel. Seine vordere rechte Hand streckt er in der Geste „keine Angst – keine Furcht" dem Gläubigen entgegen. Das Rad in der Hand Vishnus verweist auf ihn als Erhalter und Bewahrer des Dharma, der göttlichen Ordnung. In diesem Rad kommt das zyklische Weltbild zum Ausdruck, es kann aber auch Waffe und Sonnensymbol sein. Vishnu steht meist auf einer kreisförmig geöffneten Lotusblüte, welche die Reinheit seines Wesens und das „nicht Anhaften" an irdische Dinge versinnbildlicht. Im äußeren Rahmen der Schieferstele sind die zehn Inkarnationen (Avatara[3]) des Gottes dargestellt. Mit Kalkin, der letzen Erscheinung

Abb. 1 Vishnu auf der Schlange (Vishnu Shesashayin)
Zentralindien, 9. Jahrhundert, Stein, Staatliche Museen zu Berlin, Museum für Indische Kunst, Inv. I 9972

im Kali-Yuga, schließt sich der Kreis, die Welt wird zerstört und alles beginnt erneut, womit der kosmische Vishnu den ewigen Kreislauf der Welt versinnbildlicht. Aus ihm fließen die Kräfte, welche die Welt entfalten, und in ihn kehren diese Kräfte auch wieder zurück.

Nach der altindischen Philosophie werden nur Wesen mit Bewusstsein wiedergeboren, nur sie sind dem Kreislauf (Samsāra) ausgesetzt. In welcher Form sie wiedergeboren werden, ist vom Karma – der Tat, der Handlung, dem Werk – abhängig.

„Im allgemeinen Sinne kann man sagen, dass die indische Konzeption von Karma und Wiedergeburt (d. h. von Samsara) die Idee der Kausalität und Kontinuität mit dem Postulat der ausgleichenden Gerechtigkeit verbinden. Karma erfordert Wiedergeburt, damit Getanes abgegolten werden kann und sich nicht folgenlos verliert, und die Wiedergeburt würde zum Erliegen kommen ohne die dynamische Triebkraft des Karma, das zugleich als Wirk- und Finalursache wirkt.“[4]

Die meisten philosophischen Schulen Indiens verstehen die Existenz im Bereich der Wiedergeburten als einen Zustand des Leidens, der Unfreiheit und der Selbstentfremdung. Die Lehre von der Tatenvergeltung (Karma) und dem Kreislauf der Wiedergeburten (Samsāra) bildet den Hintergrund für das Ideal der absoluten Befreiung (Moksha, Nirvāna) und für ein radikales Erlösungsstreben. Jede Imagination des Göttlichen kann den Weg zur absoluten Befreiung zeigen.

In Südindien entstanden seit dem 10. Jahrhundert Bronzen, die den tanzenden Gottes Shiva in einem Flammenkreis (Abb. 3) zeigen. Shiva ist der kosmische Gott (Natarāja) der in einem ekstatischen Tanz die Welt erschafft und zerstört. In einem schöpferischen Akt versammelt er die als ewig verstandene Energie in sich und macht sie damit erkennbar. Die in seiner rasenden, unaufhörlichen Kreisbewegung herangezogenen und wieder herausgeschleuderten Kräfte sind die Mächte der Entfaltung, Erhaltung und Auflösung der Welt. Die Natur und all ihre Geschöpfe sind die Auswirkung eines ewigen Tanzes.

Shiva hält in seiner hinteren rechten Hand eine Sanduhrtrommel, welche die Form eines Stundenglases hat und deren erster Ton mit dem Äther assoziiert wird. Aus dem Äther entfalten sich alle anderen Elemente. Ton und Äther bedeuten zusammen den ersten Augenblick der Schöpfung. Dem gegenüber assoziiert die hintere linke Hand, eine Flamme tragend, die Weltzerstörung. Das Gleichgewicht der beiden Hände verdeutlicht das Gegenspiel von Schöpfung und Vernichtung innerhalb von Shivas' kosmischem Tanz. Die vordere rechte Hand ist in der Geste „keine Angst – keine Furcht“ dem Betrachter entgegengestreckt. Sie gewährt Schutz und Frieden, während die verbleibende vordere linke Hand zum erhobenen Fuß – zur Erlösung – weist. Der rechte Fuß tanzt auf einem hingestreckten zwergenhaften Dämon. Er versinnbildlicht die Vergesslichkeit, die Blindheit

Abb. 2 Vierarmiger, stehender Vishnu (Vishnu Nārayāna)
Ost-Bengalen, 12. Jahrhundert, Chloritschiefer, 78 x 35,5 cm, Staatliche Museen zu Berlin, Museum für Indische Kunst Inv. I 5875

Abb. 4 Yantra-Amulett, 18./19. Jahrhundert
Kupferblech, 46,6 x 46,6 cm, Staatliche Museen zu Berlin, Museum für Indische Kunst, Inv. I 1267

Abb. 3 Shiva, der Herr des Tanzes (Shiva Vishnu Nārayāna), im Flammenkranz
Südindien, 19. Jahrhundert, Bronze, 102 x 79,5 cm, Staatliche Museen zu Berlin, Museum für Indische Kunst, Inv. I 10 061

und die Unwissenheit der Menschen, womit die Niederlage dieses Dämons zur Erlangung des wahren, die Befreiung bringenden Wissens wird. Der tanzende Gott selbst, dessen Choreograph das Rad der Zeit ist, in dem wiederum der immerwährende Lauf von Schöpfung und Zerstörung des Universums symbolisiert ist, scheint unberührt. Sein Lächeln ist nach innen gewandt; es offenbart das stille allwissende Selbst des Gottes, das über Ewigkeit und Zeit steht.

Neben der Vergegenwärtigung des Weltkreislaufs und des Universellen in gegenständlichen Götterbildern wie denen des Gottes Vishnu oder Shiva, kennt die indische Kunst auch die Abstraktion als Darstellungsform des Absoluten.

Wie ein Götterbild mit seinen Attributen und Gesten ein Abbild der Totalität darstellt, so ist in einem Mantra - eine unwiderruflich feststehende Silbe oder Silbenfolge, denen eine große Kraft zugesprochen wird – die ganze, durch Begriffe fest zu haltende, Wahrheit formuliert. Um sich diese „sakrale Substanz des Mantras nutzbar zu machen, kommt es auf das (rituell richtige) Sagen und Hören an, nicht auf das Verstehen."[5]

Töne, Silben und Begriffe können jedoch auch in Form eines sakralen Diagramms, dem Yantra, erfahren werden. Wie eine Karte stellt das Yantra die stufenweise Entwicklung einer Vision der Gottheit mit all ihren Verwandlungsphasen dar. Die Vorstellungskraft des Gläubigen erschafft eine Entfaltung und Auflösung des Absoluten. Es ist der nachempfundene Prozess der Schöpfung und Zerstörung der Welt und damit gelangt der

Gläubige an den höchsten Punkt der Erkenntnis. Die Inhalte des Yantra (Abb. 4) stellen jene Stadien des Bewusstseins dar, die von Unwissenheit zur Realisierung des universalen Selbst führen. Mit dem Erkennen wird die Unwissenheit überwunden, der Kreislauf ist durchbrochen.

In vorliegendem Yantra wird eine männliche Gottheit visualisiert, wie die nach oben weisende Spitze des Dreiecks zeigt. Aus der Kupferplatte wurden verschiedene geometrische Muster und Sanskritbegriffe getrieben. Im Zentrum ist wieder in Form eines Kreises das Absolute dargestellt. Der Rahmen symbolisiert ein Heiligtum mit vier Toren, versehen mit Anrufungssilben der Götter der Himmelrichtungen. Das Tor durchschreitend, befindet sich der zur Kontemplation bereite Gläubige vor dem von acht Lotusblättern umgebenem Zentrum in dem die Gottheit thront. Der Lotus steht für die Schöpfung, Reinheit, Transzendenz und die Sphäre des Absoluten. Er ist der Sitz des Gottes, ist frei von Anhaftung und Schmutz, der Kreis ohne Anfang und Ende, verziert mit Blütenblättern. Das Absolute (in diesem Yantra die männliche Gottheit) wird in dem inneren Dreieck visualisiert, seine Erscheinungsformen sind die 21 Anrufungen. Der Gläubige ruft und hört diese 21 Mantras und ihr Klang offenbart ihm das Absolute.

Wie im Hinduismus symbolisiert das Rad auch im Buddhismus den ewigen Kreislauf des Werdens und Vergehens (Samsāra). Alle Lebewesen werden nach ihrem Tode in dieser Welt wiedergeboren, wobei sie die Folgen ihrer Taten (Karma) aus ihren früheren Existenzen mit in ihr nächstes Leben nehmen. Der Lehre Buddhas zufolge, ist das Dasein in seinen sämtlichen Erscheinungsformen leidvoll, vergänglich und »ohne Selbst«. Das Ziel der Buddhisten ist daher die endgültige Erlösung vom Kreislauf der Wiedergeburten (Samsāra), das Ende der Wiederverkörperungen und der Eingang in das Nirvāna.

Der Kreislauf der Wiedergeburten wird symbolisch im Lebensrad (Abb. 5) dargestellt. Ein furchterregendes Ungeheuers – der Totenrichter Yama – hat das Rad mit seinen Klauen und Zähnen gepackt. Vom Zentrum des Rades ausgehend, werden die Ursachen für die Bindung der Wesen an den Kreislauf der Wiedergeburten gezeigt. Es sind drei Tiere, welche die drei Übel der Welt – Begierde, Hass und Verblendung – veranschaulichen. Daran schließen sich die Konsequenzen für die Menschen an: Wiedergeburten im Himmel, auf der Erde oder in der Hölle. Der anschließende Kreis offenbart die sechs Daseinsbereiche, die in drei höhere und drei niedere unterschieden werden. Ein Lebewesen kann wiedergeboren werden im Götterparadies, im Bereich der Halbgötter oder als Mensch. Zuletzt genannte Form der Existenz ist den anderen beiden vorzuziehen, denn nur den Menschen ist es möglich, die buddhistische Lehre (Dharma) zu leben, um sich von der Kausalkette der Wiedergeburten zu befreien und Erlösung zu finden. Die niederen Daseinsbereiche sind Existenzen als Tier, als Hungergeist oder als gequältes Wesen in der Hölle. In allen sechs Bereichen – Gott, Halbgott, Mensch; Tier, Hungergeist, Wesen in der Hölle – aber währt der Aufenthalt nicht ewig. Der äußere Rand teilt sich in zwölf Alltagsszenen, welche in eindrücklicher Bildsprache die Ursachen (z.B. Zeugungstrieb und Werden - schwangere Frau) und die Folgen (Geburt) für das dem Ich-Wahn verhaftete menschliche Leben zeigen. Die Lösung aus diesem Kreislauf, liegt nach buddhistischer Lehre außerhalb des Lebensrades, versinnbildlicht durch den Religionsgründer Buddha, der auf einer Wolke, rechts neben dem Rad, die Menschheit zur Nachahmung seines Lebenswandels auffordert.

Das Rad ist im Hinduismus wie im Buddhismus stets Symbol des Kreislaufes der Welten, der Wiedergeburten und des zyklischen Verlaufs der Zeit. Gleichzeitig ist der Gläubige bestrebt, diesen Kreislauf zu durchbrechen. Nur wenn er fähig ist, von außen, mit Abstand, die Dinge zu betrachten, kann er den Kreis verlassen. Zur Erlösung, ob Nirvāna für die Buddhisten oder Moksha für die Hindus, führt die Erkenntnis der Vollkommenheit des Seins.

1 Sanskrittexte des 4. bis 10. Jahrhunderts, die primär der Anbetung einer Gottheit gewidmet sind. Sie beinhalten neben Kosmologien, Genealogien und Mythen auch Wissenschaftliches und Historisches.
2 Vayu Purana; Kurma Purana.
3 Die Herabkünfte eines Gottes als verschiedene Wesen.
4 Wilhelm Halbfass, Karma und Wiedergeburt im indischen Denken, Kreuzlingen 2000, S. 24.
5 Axel Michaels, Der Hinduismus – Geschichte und Gegenwart, München 1998, S. 253.

Abb. 5 Rad der Existenzen mit Yama, Tibetisches Rollbild (Thangka), 19./20. Jahrhundert
Bemaltes Textil, 139 x 106 cm, Staatliche Museen zu Berlin, Museum für Indische Kunst, Inv. I 5763

Schiefe Perlen, schiefe Ebenen

Matthias Bruhn

Die Kugel der Fortuna

Vom „Glück im Spiel" wird wohl nur reden, wer sicher ist, dabei nicht übervorteilt zu werden. Bei Pferderennen oder Sportereignissen wird geschoben, Spielkarten werden gezinkt, und bei einem Spielautomaten möchte man ohnehin von programmiertem Betrug ausgehen. Jenen Spielen aber, die auf Drehscheiben oder Kugeln basieren (etwa beim Roulette, beim Glücksrad oder in der Fernsehlotterie) trauen die Menschen wohl immer noch am ehesten zu, den unvorhersehbaren Lauf der Dinge nachzuahmen. Solange die Kugel auf dem Rad tänzelt oder in der Lostrommel umgewälzt wird, meint man für gebannte Augenblicke, dem Zufall selbst beizuwohnen.

Weil die Kugel anscheinend rollt, wohin sie will, konnte sie leicht zu einem Symbol für Geschick und Ungeschick werden. Bilder, in denen die Glücksgöttin Fortuna als Personifikation auf einer Kugel steht oder ein schweres Rad mit sich trägt, kennt die Kunstgeschichte daher in unzähligen Variationen, besonders in den Druckgrafiken, Gemälden und Plastiken der Renaissance. Beide Attribute stellten die Welt auf den Kopf: die Kugel als Gegensymbol zum Reichsapfel und das Rad, welches über das Los der Erdenbürger entscheidet.[1] Die Fortuna kam aus jenem Reich der Freiheit, welches sich durch keine irdische Macht regieren lässt.

Abb. 1 Die weltliche Macht zwischen Weisheit und Eitelkeit
Blatt 18 aus: Guillaume de la Perrière, *La Morosophie*, Lyon-Toulouse 1553

Zwar kommt irgendwann auch die Schicksalskugel zum Stillstand, aber sie ist dann immer noch alles andere als eine stabile Grundlage. Jeder Windhauch kann sie wieder in Bewegung setzen. Daher hat auch Guillaume de la Perrière (1499–1553) für seine Sammlung moralischer Embleme eine Kugel als Motiv gewählt, um die Macht und Ohnmacht des Fürsten zu versinnbildlichen (Abb. 1). Auf dieser Kugel, die den Raum zwischen den Polen Weisheit und Eitelkeit spannungsvoll beschreibt, ruhen die Insignien seiner Herrschaft. Ein solches Gebilde wird in keine Richtung rollen, solange niemand es zu sehr für sich beansprucht; es ist aber zugleich das Symbol einer indifferenten Ruhe, auf der sich ein Gebäude nur dann errichten lässt, wenn andere Verankerungen gegeben sind. Die Kugel der Fortuna soll also die Herrschenden gemahnen, dass Vernunft und rechtes Maß Gebote jeder Regierung sind.

Das bedeutet umgekehrt: Die Kugel rollt nur, wenn äußere Einwirkungen sie aus der Ruhe bringen, sei es ein Stoß, ein Luftzug oder ein schiefer Untergrund. Seit Urzeiten wissen die Menschen, dass eine Kugel von einer Schräge herabrollen wird, und dass hier Kräfte wirken, die der Kugel sehr wohl eine vorhersehbare Richtung geben.[2] Unklar war nur, was diese Bewegung auslöst oder welche Auswirkungen das Gewicht der Kugel oder der Neigungswinkel der Ebene haben. Die treibenden Kräfte blieben unsichtbar. Erst in dem Zeitalter, das heute gemeinhin als Barock bezeichnet wird, wurden einige dieser Geheimnisse gelüftet – wenn auch mit paradoxem Ergebnis.

So hat Simon Stevin aus Brügge (1548–1620), seinerzeit einer der bedeutendsten Physiker Europas, zunächst demonstriert, welche Kräfteverteilung auf einer schiefen Ebene herrscht. Er konnte zeigen, dass eine Kugel mit ihrem Eigengewicht sowohl auf dem schrägen Untergrund lastet als auch mit dem Restgewicht nach unten drängt. In der bildlichen Darstellung ergab sich daraus ein „Kräfteparallelogramm", das bis heute gebräuchlich ist.

Solange man diese Kräfteaufteilung nicht exakt berechnen konnte, durfte man noch glauben, dass ein Perpetuum mobile möglich ist – also jene eigenartige Bewegung aus dem Nichts, welche man vor allem bei Kugeln immer wieder zu beobachten glaubte. Indem Stevin auf grafische Weise mehrere Kügelchen zu einer Kette verband, konnte er

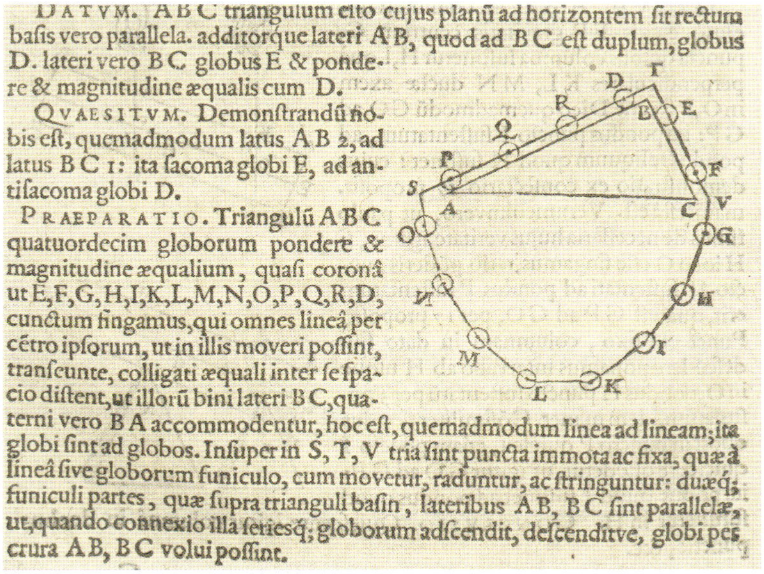
DATVM. ABC triangulum esto cujus planū ad horizontem ſit rectum basis vero parallela. additorque lateri AB, quod ad BC eſt duplum, globus D. lateri vero BC globus E & pondere & magnitudine æqualis cum D.

QVAESITVM. Demonſtrandū nobis eſt, quemadmodum latus AB 2, ad latus BC 1: ita ſacoma globi E, ad antiſacoma globi D.

PRAEPARATIO. Triangulū ABC quatuordecim globorum pondere & magnitudine æqualium, quaſi coronâ ut E, F, G, H, I, K, L, M, N, O, P, Q, R, D, cunctum fingamus, qui omnes lineâ per cētro ipſorum, ut in illis moveri poſſint, tranſeunte, colligati æquali inter ſe ſpacio diſtent, ut illorū bini lateri BC, quaterni vero BA accommodentur, hoc eſt, quemadmodum linea ad lineam; ita globi ſint ad globos. Inſuper in S, T, V tria ſint puncta immota ac fixa, quæ à lineâ ſive globorum funiculo, cum movetur, raduntur, ac ſtringuntur: duæq; funiculi partes, quæ ſupra trianguli baſin, lateribus AB, BC ſint parallelæ, ut, quando connexio illa ſeriesq; globorum adſcendit, deſcenditve, globi per crura AB, BC volui poſſint.

Abb. 2 Darstellung zur schiefen Ebene

aus: Simon Stevin, *Mathematicorum Hypomnematum*, Bd. 4 („De statica"), Leiden 1605, S. 34

beweisen, dass es diese endlose Kraft nicht geben könne. Denn wie seine Grafik zeigt (Abb. 2), würde die Kette von einem Keil zu beiden Seiten wie eine Girlande gleichmäßig herabhängen und keine Veranlassung haben, eher zur rechten oder linken Seite in Gang zu kommen, selbst wenn eine Seite steiler abfallen sollte als die andere. Eine einzelne Kugel wird zwar von der Ebene hinabrollen, in einem Kreissystem aber entsteht keine Bewegung von selbst. Dieses Bild aus *De Statica* war so schlagend, dass es später als verziertes Titelemblem auch auf den anderen Arbeiten von Stevins wiederkehrte.

Damit war zugleich die Grundlage geschaffen für alle weiteren Beschreibungen von Schwerkraft und Fallgeschwindigkeit. Galileo Galilei (1564–1642) konnte experimentell nachweisen, dass unterschiedlich schwere Kugeln eine schiefe Ebene gleich schnell herabrollen, und Isaac Newton hielt 1686 in seinen *Principia mathematica* fest, dass eine Kugel von sich aus ruht und nicht rollt. Die Kugel war nun gerade ein Instrument für die exakte Bestimmung zahlreicher Naturphänomene, und keineswegs nur der Inbegriff von Willkür und Unbeherrschbarkeit.

Die Gerechtigkeit der Kugeln

Aus demselben Grunde aber konnte die Kugel weiterhin ein Symbol des Glücks sein und auf dem Umweg über die Wissenschaften in das Glücksspiel zurückkehren. Denn unabhängig von ihrem Lauf auf der schiefen Ebene, wie sie im Tivoli oder im Flipperautomat auch spielerische Verwendung findet, kann die Kugel rechnerische Überlegungen zur Wahrscheinlichkeit befördern. So wird die Erfindung des Roulette dem Mathematiker Blaise Pascal (1623–1662) zugeschrieben, welcher sich eingehend mit der Kreisbewegung und wie Stevin mit dem Perpetuum mobile beschäftigt hat. Mithilfe einer Radkonstruktion konnte er beobachten, wann eine Kugel nach einer bestimmten Umlaufbahn auf einem bestimmten Zahlenfeld landen würde. Diese Konstruktion hat er zunächst in einer pseudonymen Schrift zur Kreisbahn, der *Histoire de la roulette, appellée autrement la trochoïde, ou la cycloïde* dargelegt, die im Oktober 1658 erschien und dem späteren Spiel oder Spielgerät seinen Namen gab.

Mit dieser Schrift und dem kurz darauf erschienenen *Traitté general de la Roulette* beschäftigten sich schließlich die Mathematiker Europas, die von der rätselhaften Gesetzmäßigkeit fasziniert waren, mit der Murmeln - ab einer bestimmten Häufung - immer zur gleichen Zahlenverteilung führen. Obwohl es in erster Linie gar nicht um Fragen der Häufigkeit und ihrer Vorhersage ging, war durch Pascal eine Apparatur bereitgestellt, mit der sich Wahrscheinlichkeit plötzlich *sehen* ließ. Denn was meint schon „wahrscheinlich", wenn nicht die „Sicherheit", dass eine Kugel nach tausend Durchläufen am Ende gleichmäßig auf alle Zahlen fallen wird und nicht nur auf eine? Wäre es anders, würde man sofort einen Betrug oder Fehler vermuten. Andererseits ist es ja nicht ausgeschlossen, dass der Zufall – rein zufällig – auch einmal diese Variante wählt. Oder haben die Kugeln ein Gedächtnis? Musste man nicht annehmen, dass den Kugeln eine magische Kraft innewohnt?

Da sich Pascal bei dieser Gelegenheit über Unregelmäßigkeiten bei Spielverläufen Gedanken machte (etwa den vorzeitigen Abbruch eines Spiels und dessen Folgen für den Wetteinsatz), konnte er zugleich belegen, dass das Roulette einen Höchstgrad an „Gerechtigkeit" im Spiel gewährte. Damit war ein Ersatz geschaffen für ältere

Abb. 3 Antoine Trouvain, Appartement mit Spieltisch
Kupferstich von 1694

Abb. 4 Jan Vermeer van Delft, Junge Dame mit Perlenhalsband, um 1662/65
Öl auf Leinwand, 55 x 45 cm, Staatliche Museen zu Berlin, Gemäldegalerie

Kugelspiele, die mit einem hölzernen Aufbau gespielt wurden (Abb. 3), bei welchem die Bälle durch torartige Öffnungen rollen.[3] Hier waren noch viele Möglichkeiten der Manipulation gegeben. Das neue Rotationsprinzip wurde dagegen zum Inbegriff für das Glück in seiner reinsten Form, da man nun rechnerisch belegen konnte, dass es niemanden bevorzugt. Schon weil es nicht wirklich um „Spiel“ ging, sondern um bares Geld, musste der Kugel also nachgeholfen werden, um das Glück auch wirklich am Werke zu sehen.

Nach der französischen Revolution wurde das Spiel mit der rotierenden Kugel zu einer gesellschaftlichen Betätigung, der die vermögenderen Schichten in eigenen Casinos nachgehen konnten, etwa im Pariser Palais Royal, das 1816 seine Pforten öffnete. Hier wurde zugleich ein neuer Gesellschaftstyp geboren, den die Deutschen treffend Hasardeur nannten – einen Abenteurer, der bereit war, sich für ein flüchtiges Glück finanziell zu ruinieren. In der Spielsucht war er sich mit dem alten Adel einig, welcher sich finanziell verausgabte und der von seinen Besitztümern und Privilegien zehrte. Diverse Kunstsammlungen und Vermögenswerte haben in dieser Zeit so ihren Besitzer gewechselt.

Die mathematische Frage nach dem Lauf der Kugel war auch aus anderem Grunde mehr als nur wissenschaftlicher Natur. Denn Pascal war unter dem Einfluss des Zisterzienserklosters von Port Royal, in der Nähe von Versailles, mit der radikal-reformerischen Lehre des Cornelius Jansen (1585–1638) verbunden, wonach der Mensch durch die Erbsünde so verdorben ist, dass er in jedem Falle von der Gnade Gottes abhängig ist. Die Frage danach, was „Zufall“ in einer Welt bedeutet, die nach wissenschaftlichen Regeln durchleuchtet wird, war damit auch eine Frage nach der Vorsehung des Menschen. Ganz so wie die neue Unendlichkeitsrechnung in dieser Zeit das Universum kleiner werden ließ oder Galileis Frage nach der „Materie“ auch die Lehre vom Leib Christi berührte, verbarg sich hinter der mathematischen Reflexion eine weit tiefergehende Spekulation.[4]

Abb. 5 In München gefallene Hagelkörner, Einblattdruck von 1761
Radierung, 16 x 15 cm

Das goldene Zeitalter und die Global Player

Das Zeitalter Stevins und Pascals ist auch die Blütezeit der Geldanlagen und Unternehmungen gewesen. Durch Geschäftsformen wie die Aktiengesellschaft wurden gewaltige Mengen an Kapital angehäuft, und Versicherungen sollten „Sicherheit“ geben, wo doch auf volles Risiko gesetzt wurde. Damit war die Theorie der Wahrscheinlichkeit, von der Pascal selber noch gar nicht gesprochen hatte, besonders interessant, und aus dem Versicherungswesen ging eine eigene Form der mathematischen Kalkulation, die Stochastik oder Wahrscheinlichkeitsrechnung, hervor. Soweit es irgend ging, sollten dem Zufall Grenzen gesetzt bleiben.

Aus der „Spekulation“ als dem umsichtigen „Blick in den Spiegel“ der Tugend der Klugheit, der Prudenzia, wurde auch in der Wirtschaft ein Spiel mit dem kalkulierten Zufall. An die Stelle von blindem Glück trat eine

Mischung aus Weitblick und Risiko, aus Handelsgeschick und Havarie. Für die neue Weltordnung war nun das Segel der Kaufleute das bestimmende Symbol, welche die Meere umschifften, um neue Reichtümer zu erschließen. Die Idee der Global Player, die eigentlich keine „Spieler“ sind, stammt aus eben dieser Zeit; das einzige, was hier noch rollte, waren Kanonenkugeln, Münzen aus überseeischem Gold und der Erdglobus selber, der unterdessen zusammenschrumpfte.

So nimmt nicht wunder, dass statt der Kugel noch eine andere Beigabe der Fortuna an Bedeutung gewann; da sich die Kaufleute für ihre Handelsflotten stets ein pralles, windgefülltes Segel wünschten, war es höchst bedeutsam, wenn Fortuna von einem flatterhaften Tuch umspielt wurde, welches sich unbändig um ihren Körper schlang (siehe S. 67). Nicht zufällig wurde auch Merkur als windreitender Bote zu ihrem Konkurrenten, der aus der fernen Welt vom Glück oder Unglück der Kampagnen berichtete.

Dem Unternehmertum ging es selten um die vergnüglichen, sorglosen Seiten des Spiels; schließlich meint „fortune“ meist schlichtweg „Gewinn“. Kein Wunder auch, dass sich moderne „spieltheoretische“ Forschungen vor allem mit den Abschlussbilanzen des Zufalls beschäftigen. Hier hat John von Neumann 1928 den Anfang gemacht, als er unternehmerische Entscheidungen mit dem strategischen „Durchspielen“ von Ergebnissen wie beim Schach erklärte.[5] Seine Theorie ist längst um psychologische und kulturelle Faktoren erweitert worden, doch erinnert die Spieltheorie der Wirtschaftswissenschaften immer noch weniger an die Vergnügungen des Homo ludens, des spielenden Menschen, als an die theologischen Reflexionen Blaise Pascals.

Es ist heute üblich geworden, für die Epoche, welche zugleich durch Konfessionalisierung und Dreißigjährigen Krieg, Inquisition und naturwissenschaftliche Umwälzungen bestimmt war, eine Bezeichnung zu verwenden, welche ihre ganzen Widersprüche in ein Bild bringen kann: Es ist der Begriff des Barock, von welchem es lange Zeit hieß, dass er auf die *Pérola barocca* oder *barucca* zurückgeht und die unregelmäßige Austernperle bezeichne, die aus Übersee nach Europa kam. Diese Etymologie ist mehr als umstritten (*baroco* ist in der Logik auch das Kürzel für eine komplizierte Form der Schlussfolgerung); aber sie entstand nicht ohne Grund.[6] Mit der rücksichtslosen Wirtschaftsexpansion nahm die Zahl der gehandelten Perlen erheblich zu, und Jan Vermeer hat damals den Perlenhandel gleich in mehreren Gemälden, etwa seiner *Perlenwägerin* oder der *Jungen Dame mit Perlenhalsband* (Abb. 4) verewigt – zwei Bilder, in denen schon das moderne Kaufen und Konsumieren aufscheint, die aber auch ein stilles Memento des kurzen irdischen Glücks sind.

Die barocke Perle galt als besonders wertvoll. In den Augen jener Zeit vereinte sie Deformation und Regelmäßigkeit, Wachstum und Stillstand. Ihre einzigartige Verformung war eine Signatur der Welt, welche nun allerorten „imperfekte“, bauchige und schroffe Formen hervorbrachte; selbst Hagelkörner wurden vermessen und aufgezeichnet, weil man über die Vielfalt der Natur nicht genug staunen konnte und dahinter doch schon komplexere Gesetzmäßigkeiten vermutete, die es zu ordnen und zu entschlüsseln galt (Abb. 5). Die unrunde Perle war das Gegenstück einer physikalisch idealen Kugel, welche nach den strengen Auflagen des Experiments von einer schiefen Ebene rollen musste. So kam es schließlich, dass gerade die Perle, die nicht besonders glänzt und die auch nicht sonderlich zuverlässig rotiert, als Glücksfund angesehen werden durfte: Kostbar war das Nicht-Vollendete.

1 Vgl. Klaus Reichert, Fortuna, oder: Die Beständigkeit des Wechsel, Frankfurt am Main 1985.
2 Siehe den Protagonisten des Films Minority Report von Steven Spielberg (2002), dem nach einer Operation die eigenen Augäpfel auf einer Rampe davonrollen (siehe den folgenden Beitrag von Birgit Schneider und Vera Dünkel).
3 Bei einer anderen Variante des Kugelspiels lief eine Kugel am Rand entlang, um in der Mitte in einer von vielen Mulden zu landen (so in einem Spiel aus Süddeutschland von etwa 1780 im Spielemuseum Chemnitz – Dank an Peter Lemke für die freundliche Auskunft); vgl. Marco Fittà, Spiele und Spielzeug in der Antike. Unterhaltung und Vergnügen im Altertum, Stuttgart 1998, Abb. 222, mit einem Kugelspiel aus vorchristlicher Zeit.
4 So hat auch die Kirche trotz Ablehnung des Glücksspiels gelegentlich Wetteinnahmen besteuert und Lotterien veranstaltet, etwa während des Pontifikats Papst Clemens' XII. (1730-1740).
5 Mit dem Verhältnis von Spiel und Ernst beschäftigten sich jüngst auch die Beiträge des Ausstellungskatalogs Spielen. Zwischen Rausch und Regel, Deutsches Hygiene-Museum Dresden, Stuttgart 2005.
6 Erwin Panofsky sieht in seinem Buch What is baroque? von 1935 in der Epochenbezeichnung eine Verballhornung aus mehreren Begriffstraditionen, darunter aus der Bezeichnung „Modo baroco“, diese steht für einen Schluss folgender Art: Alle A‘s sind 1, nicht alle B‘s sind nicht 1, also sind einige B‘s keine A‘s. Man hat auch gemutmaßt, dass der Begriff von der lateinischen oder portugiesischen Bezeichnung für Wucherung, „verucca“, stamme.

Rundbild und Augenblick

Birgit Schneider Vera Dünkel

Das Auge rollt

In Steven Spielbergs Film *Minority Report* von 2002 wird Washington D. C. im Jahre 2054 als Überwachungsmaschinerie beschrieben, in der alle Bürger über den Scan ihrer Augen erfasst sind. Dank einer ausgefeilten visuellen Technologie wird seit Jahren kein Mord mehr begangen, denn die Technik ermöglicht den Mitgliedern der Polizei-Einheit Pre-Crime, jedes Verbrechen vorauszusehen, um es im Blitzeinsatz zu verhindern. Dabei setzen drei in Nährflüssigkeit schwimmende Seher-Menschen Bilder frei, welche den Polizisten der Pre-Crime-Einheit die Voraussicht in die nahe Zukunft eröffnen. Die Analyse endet jeweils damit, dass die Technologie eine hölzerne Kugel ausspuckt, die durch ein Röhrensystem in die Zentrale rollt und den Namen des Täters bzw. Opfers eingraviert enthält. Wie bei einem Flipperautomaten beginnt mit der Freigabe der Kugel das Spiel – hier eine Jagd um Leben und Tod.

Der Polizei-Held, gespielt von Tom Cruise, wird selbst zum Gejagten, als sein eigener Name auf einer Kugel in der Kommandozentrale eintrifft – er setzt nun alles daran, seinem vorhergesagten Schicksal als Mörder zu entkommen. Um unerkannt zu bleiben, lässt er sich illegalerweise seine Augen operativ entfernen und durch neue ersetzen; seine alten Augen, die er noch brauchen wird, führt er in einem Doggy Bag mit sich. Als er sich Zugang zum Innersten der Pre-Crime-Zentrale verschaffen und seine amputierten Augen an den Iris-Scanner drücken möchte, kommt es beinahe zum endgültigen Verlust seiner Sehorgane. Die blutig-glitschigen Augäpfel entgleiten ihm und rollen hüpfend den Flur hinab. Im letzten Moment gelingt es dem Helden, das eine Auge am Sehnerv zu fassen, während das andere bereits durch ein eisernes Gitter im Boden verschwunden ist.

Die bizarre, fast surreale Szenerie verdankt sich den Eigenschaften des herausgetrennten Organs, seiner glänzend-feuchten Oberfläche und kugeligen Form, die es unbeherrschbar machen: Das Auge entgleitet, stürzt, verwandelt sich in einen organischen Gummiball und beginnt eine vom Körper autonome Reise. Übertragen auf die Handlung des Films beschreibt die Szene den Moment, in dem durch das Entgleiten des Kontrollorgans alles außer Kontrolle zu geraten droht.

Bedeutsam ist, dass die Anatomie des Auges in mehrfacher Hinsicht von der Kugel- bzw. Kreisform bestimmt ist. Zunächst ist die Iris mit der Pupille das hervorstechende Merkmal schauender Augen. Ihre perfekte Kreisform setzt sich vom Weiß des Augapfels kontrastreich ab und macht den Blick und seine Richtung für ein Gegenüber deutlich sichtbar. Amputiert offenbart auch der Augapfel seine fast vollkommene, runde Form (Abb. 1).

Der runde Augenblick

Ausgehend von der Form des Auges soll hier die Frage stehen, ob der Blick ebenso rund gedacht wird, wie das Organ des Sehens von der Kreisform bestimmt ist. Die Divergenz zwischen Auge und Blick, wie sie Jacques Lacan in Anlehnung an Jean-Paul Sartre zugespitzt hat,[1] wird im Folgenden auf die Anordnung von Auge und Bild, von Sehtheorie und Blick angewendet. Auch wenn laut Sartre „das Sichrichten zweier Augäpfeln auf mich [...] am häufigsten einen Blick manifestiert", kann der Blick einen „Objektcharakter" annehmen, bei dem es sich nicht mehr um „zwei Kugeln" handeln muss, sondern der ebenso im Erscheinen einer jeglichen Gestalt in unserem

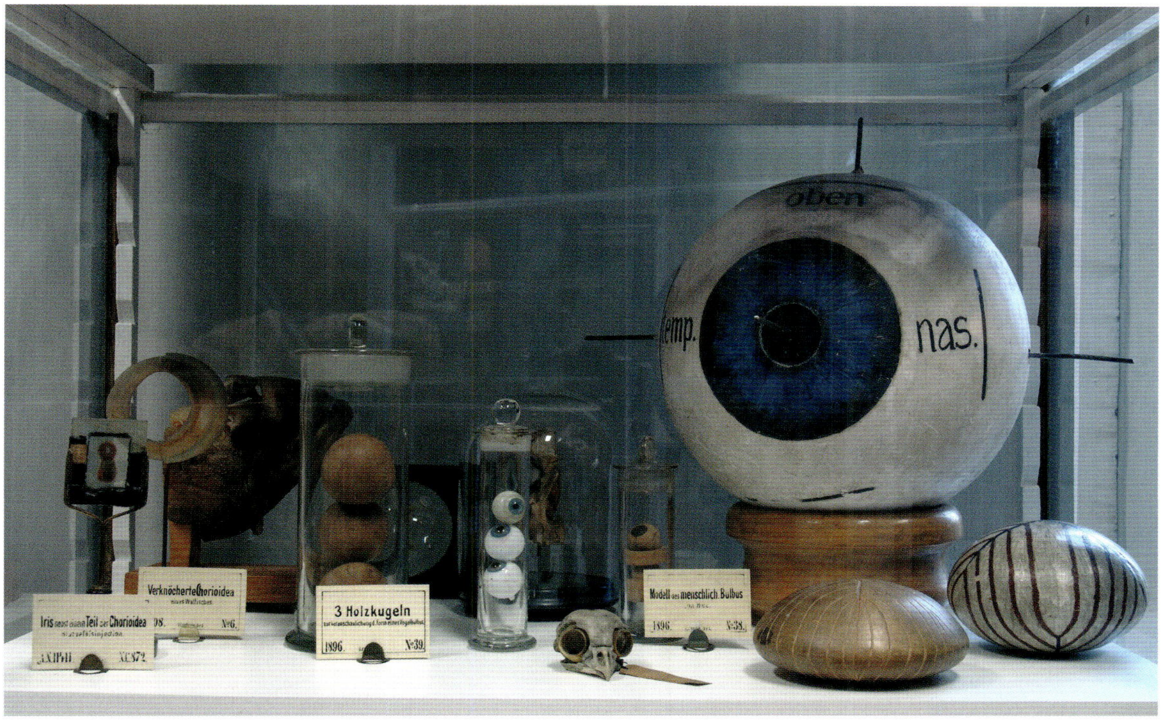

Abb. 1 Augen- und Linsenmodelle, Holz, Glas, um 1900
Charité, Universitätsmedizin Berlin, Centrum für Anatomie

Wahrnehmungsfeld hervortreten kann.[2] So kann der Blick ebenso durch ein Bild manifestiert werden, wobei das Rundbild, wie hier gezeigt werden soll, eine Sonderrolle einnimmt. Denn im runden Bild wird oftmals nicht bloß etwas sichtbar gemacht, sondern gleichzeitig schreiben sich die zu historisierenden Bedingungen des Blickens in das Bild mit ein.

In seiner kugeligen Form ist der Augapfel, wie ihn alle Wirbeltiere entwickelt haben, eine Besonderheit, die sich von der übrigen Anatomie des Körpers abhebt. In Euklids optischer Theorie lautete das zweite Eingangspostulat, „dass die durch die Sehstrahlen eingeschlossene Figur ein Kegel ist, dessen Scheitelpunkt im Auge und dessen Grundfläche auf den Grenzen der gesehenen Gegenstände liegt."[3] Spätestens in der frühen Neuzeit traten an die Stelle der aus dem Auge austretenden Sehstrahlen die ins Auge fallenden Lichtstrahlen und das in der geometrischen Optik rund idealisierte Sehfeld wurde durch eine eckige Pyramide ersetzt.[4] Zugespitzt gesagt, verlor die geometrische Figur des Kegels mit dem Wandel von der griechischen Sehtheorie, die das Auge als eine strahlende Laterne dachte, zur Sehtheorie der Renaissance, bei der das Auge Licht und Bilder passiv empfängt, ihre Wirksamkeit. Widerlegt wurde die antike Sehstrahlentheorie bereits im 11. Jahrhundert durch den arabischen Optiker und Astronom Ibn al-Haytham, der u. a. mit Linsen experimentierte und in seinen Schriften, die unter dem Titel *Thesaurus Opticus* 1270 ins Lateinische übertragen wurden, dass Sehen unter den Bedingungen der Sehpyramide analysierte.[5] Dass das durch die Sehpyramide eingefasste Feld die Form eines Fensters hat, fand in der malerischen Praxis seit der Renaissance, Bilder perspektivisch zu konstruieren, seine Entsprechung. Blick- und Betrachterordnungen manifestieren sich seither im eckigen, perspektivischen Bild und wurden tonangebend für die Geschichte der Bilder allgemein.[6]

Die neuen Sehtheorien eröffneten die Möglichkeit, das Auge selbst als ein optisches Instrument zu denken, indem es mit der Camera obscura verglichen wurde, also dem dunklen, hohlen Körper, der vorne eine kleine, kreisrunde Öffnung mit einer eingesetzten Linse enthält. Durch diese Öffnung werfen beleuchtete Dinge ihre Strahlen, die sich auf der gegenüberliegenden Seite der Kammer auf dem Kopf abzeichnen. Was in der Camera obscura der Schirm ist, ist im Auge die Netzhaut. Der Blick durch eine runde Öffnung verdoppelt dabei das Prinzip des Auges, welches ja selbst bereits durch eine Linse blickt. Innerhalb dieses Vergleichs konnten jedoch viele Aspekte des Sehens, wie etwa die Frage, warum die Umwelt nicht auf dem Kopf stehend wahrgenommen wird, wie das räumliche Sehen zustande kommt sowie zahlreiche unter der Rubrik der Sehstörungen verhandelte Phänomene, nicht erklärt werden. Bereits Johannes Kepler, der 1604 erstmals beschrieb, wie die Bilder im Auge geformt werden, erkannte die Begrenztheit des Vergleichs und verwies etwa die Frage, auf welche Weise die Bilder ins Gehirn kämen, an die Philosophen. Genau wie die perspektivische Zeichnung nur *einen* Augpunkt brauchte, war das Sehen bis ins 19. Jahrhundert mit dem starren Modell der Camera obscura idealerweise einäugig.[7] Die geometrisch konstruierte Perspektive, die tiefenwirksame Bilder ergab, wurde als die richtige Form der Wahrnehmung akzeptiert, während die subjektive Wahrnehmungserfahrung durch das Auge lange suspekt blieb.[8]

Der Kreis als die symbolische Form des Blickes

Zu welchen Antworten kamen Physiologen, die sich seit dem 19. Jahrhundert verstärkt den Eigenarten des Sehens widmeten, bei der Frage nach der Form des Blickes? Denkt man die runde Form des Auges in geometrischer Konsequenz weiter und bindet Sehen an den Aufbau des Auges, so müsste am Ende auch ein runder Blick stehen, wie er in der Sehschale auf der Netzhaut aufgefangen wird. Doch wie kann man diesen Blick dingfest machen? In den Sehtheorien wird kaum beschrieben, in welcher Form das Sehfeld im Auge verläuft und wie es begrenzt ist, selbst die dreibändige Abhandlung zur Optik von Hermann von Helmholtz von 1867 gibt nur eine vage Vorstellung vom Sehfeld; auf eine Darstellung verzichtet sie ganz. Die Diagramme wiederum, welche die Lichtbrechung im Auge seit René Descartes' *Dioptrique* von 1637 wiedergeben, sind im Schnitt dargestellt und müssen deshalb keine sichtbare Stellung zu der Frage beziehen, ob Sichtbares und Gesehenes rund oder eckig umgrenzt sind (Abb. 2). Doch müsste der menschliche Betrachter, der aus der dunklen Kammer von unten auf das präparierte Ochsenauge blickt, sich nicht einem runden Anblick gegenübersehen?

Während die Form des Sichtbaren somit bis auf wenige Ausnahmen, wie Ernst Machs Bild *Blick aus dem linken Auge* von 1870,[9] selten zur Darstellung kommt, fand das vom Auge Gesehene als ins Auge projiziertes Bild viel öfter Eingang in wissenschaftliche Illustrationen. Der Mediziner und Physiker Thomas Young ließ 1807 eine Darstellung des Bildes auf der Netzhaut anfertigen, welches die Gestalt eines auf dem Kopf stehenden Hauses im Rund der Sehschale wie auf einem Radarschirm zeigt (Abb. 3). Hermann von Helmholtz, der mittels des von ihm erfundenen Augenspiegels solche Bildchen unter bestimmten Bedingungen auch im lebenden Auge beobachte, beschrieb das Netzhautbild als „ein reelles optisches Bild der äußeren Gegenstände".[10] Seine Rundung erklärt sich durch die Wölbung der Netzhaut nach innen und die runde Öffnung der Pupille. Aufgrund der sichtbaren, wenngleich schemenhaften Projektion des Gesehenen auf der Rückseite des Auges blieb der Vergleich des Auges mit der Camera obscura bis heute schlagend.

Es soll hier jedoch nicht weiter um die Frage gehen, ob das Gesehene tatsächlich rund geformt ist oder inwiefern das Sehfeld im Unterschied zum retinalen Bild eine andere Form aufweist, sondern wie der Blick und mithin die zu historisierenden Modelle des Sehens zum Bild gemacht wurden. Im Schatten der Geschichte des perspektivischen, rechteckigen Bildes verläuft eine Geschichte runder Bildformen, die in dieser Hinsicht betrachtet werden kann. Runde Bilder kommen unter anderem dort vor, wo ein Blick in oder durch optische Instrumente dargestellt ist. Anders als eckige Bilder verweisen diese Rundbilder wie ein Loch in der Wand auf den Blick selbst. Abgesehen von

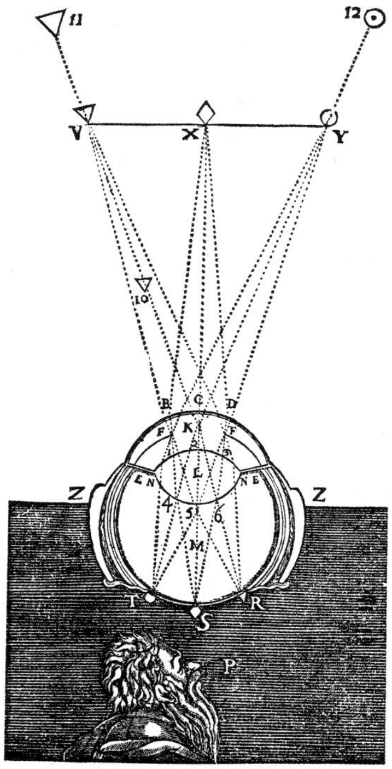

Abb. 2 Diagramm eines Ochsenauges
aus: René Descartes, *Discours de la Méthode pour bien conduire sa raison & chercher la vérité dans les sciences plus la Dioptrique …*, Leiden 1637

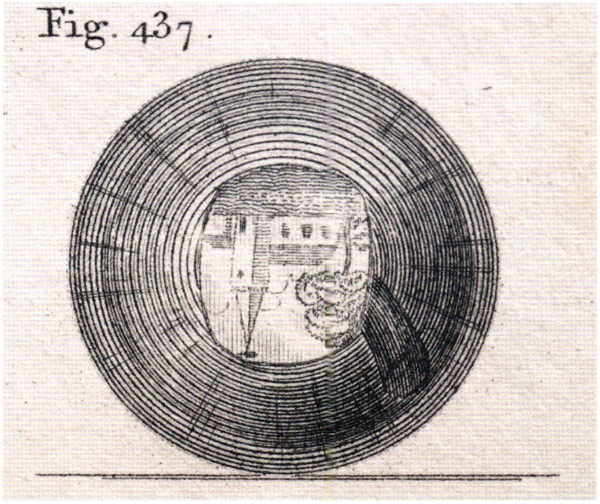

Abb. 3 Bild auf der Netzhaut des menschlichen Auges
aus Thomas Young, *A course of lectures on natural philosophy and the mechanical arts*, 2 Bde., London 1807, Bd. 1, Tafel 30

Abb. 4 Mikrofotografie aus: Sigmund Theodor Stein, *Das Licht im Dienste der wissenschaftlichen Forschung*
Leipzig 1877, Tafel 10

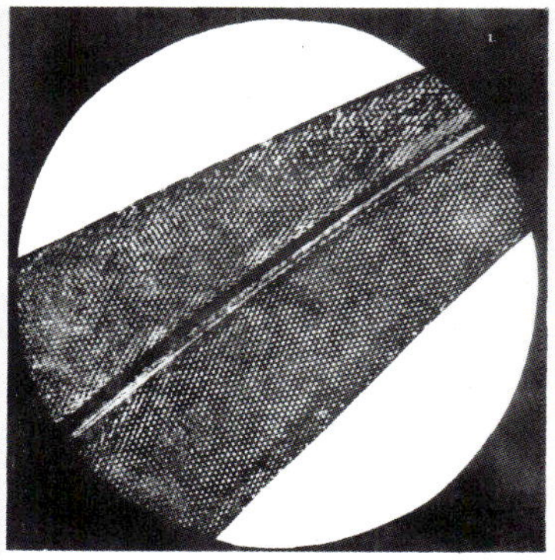

Bildern, auf denen Rundspiegel eine Rolle spielen, oder den in der Renaissance beliebten Tondi, entstanden viele runde Bilder im Verbund mit optischen Geräten und tauchen gehäuft im 18. und 19. Jahrhundert auf, einer Zeit, die sich intensiv mit optischen Instrumenten und Sehapparaten beschäftigte.[11] Bereits die projizierten Bilder der Laterna magica sind in doppelter Hinsicht rund begrenzt. Die runde Form der Vergrößerungslinsen und die ebenfalls runden Röhren, in welche diese eingesetzt sind, schaffen den für Vorführungen der Laterna magica charakteristischen runden Lichtkegel der Projektionen. Den runden Formen der Projektionen entsprechen die runden Formen der Glasbilder, welche bis ins 19. Jahrhundert vorherrschend sind. Erst als die von Hand bemalten Glasbilder von den fototechnischen Diapositiven verdrängt wurden und die Diaprojektion ihren Erfolgskurs aufnahm, wurde der Lichtkegel auf die rechteckige Form der Bilder gebracht.

In besonderer Weise schreibt sich die runde Form der Bilder in einem anderen apparategestützten Bereich des Sehens ein, der Mikroskopie. Dort wird die Form des rund gerahmten Bildes zur Konvention der Darstellung mikroskopischer Beobachtungen (Abb. 4). Der Blick durch das Rohr, also die Bewaffnung des Auges mit einer Sehhilfe, wird auf dem Papier als Rundform wiederholt, der Kreis markiert das Korrelat des Sehens. Das Gerät, welches den Blick ins Kleine ermöglicht hat, wird als Begrenzung in das Bild mit eingeschrieben. Für den Betrachter des runden Bildes entsteht der Eindruck, er würde selbst durch das Gerät schauen – das Blickregime wird weiter gegeben und argumentiert damit gleichzeitig für den wissenschaftlichen, objektiven Anspruch der mikroskopischen Beobachtung.[12]

Eine weitere instrumentelle Blickerfahrung hat Karl Friedrich Schinkel mit seiner *Ansicht von Dresden* ins Bild gesetzt (Abb. 5). Der kreisrunde Bildausschnitt zeigt unverkennbar einen Blick durch ein Fernrohr, wie ihn vielleicht ein Wanderer von einem entfernten Hügel gehabt haben könnte. Die Verbindung von rund begrenzter Bildform und Landschaft deutet auf eine Seherfahrung, die beim Betrachter des 19. Jahrhunderts vorausgesetzt werden konnte. Zugleich hat der runde Ausschnitt hier die Wirkung, Dresden in weite Ferne zu rücken und das Bild durch eine zusätzliche Ebene in die Tiefe zu staffeln und somit wirkungsvoll zu inszenieren. Dazu trägt auch die Unschärfe der Ränder bei, mit der die fein gemalte Aussicht sich im Schwarz des Fernrohrs verliert, wodurch sich der Betrachter in einen dunklen Tunnel versetzt sieht.

Abb. 5 Karl Friedrich Schinkel, Ansicht von Dresden
Aquarell und Deckfarben, 29,2 x 30,3 cm, Staatliche Museen zu Berlin, Kupferstichkabinett

Mit dem Aufkommen des Films und elektronischer Bildmedien trifft der Blick auch auf runde Schirme. Die Filmblende offenbart den Blick durch die runde Linse, Radarschirme machten Schiffe auf einer kreisförmigen Scheibe wie von einem Aussichtsturm aus sichtbar. Der Kreisausschnitt des Bildes in seiner Bedeutung als Filmblende, Lupe, Fernglas oder Mikroskop ist in die Konventionen des Sehens aufgenommen worden und kann in Spielfilmen, auf Landkarten und in der Werkzeugleiste von Computerprogrammen als allgemeinverständliches Symbol vorausgesetzt werden. Das Rund des Blickes hat sich dabei unzertrennlich mit dem Blick durch die Linsen von optischen Apparaturen verbunden, die Kreisform vermittelt zwischen den Blicken der Betrachter und den optischen Techniken, wobei das eine für das andere steht, weshalb kaum auszumachen ist, ob das Runde hier für den natürlichen oder den medialisierten Blick steht.

Betrachtet man die runde Bildform als symbolische Form, präsentiert sie sich als Erscheinung, die ihre Betrachter wie ein Augenaufschlag anblickt. Das Bild wird durch die Kreisform wie mit einem Scheinwerfer aus seiner Umgebung hervorgehoben. Gleichzeitig stellt sich die runde Erscheinung an die Stelle des Augenfokus und verlangt umso dringlicher, fixiert zu werden. Fast ist es, als sollten die runden Bilder die Blicke des Betrachters in ähnlicher Weise bannen, wie die „Augen“ auf den Rückseiten von Schmetterlingsflügeln.

Das Auge wie ein bizarrer Ballon

Die intensive physiologische Beschäftigung mit dem Sehen im 19. Jahrhundert begleitet ein künstlerisches Interesse am Sehen, wobei dem Auge in Symbolismus und Surrealismus als Motiv besondere Aufmerksamkeit zukommt.[13] Vom religiösen Kontext, aber auch vom Individuellen des Porträts weitgehend gelöst, wird das Auge in der Kunst um 1900 frei verfügbar gemacht und erhält dabei neue Konnotationen. Die magische Kraft des Blickes kommt dabei ebenso zum Tragen wie etwa das visionäre Auge als Symbol für ein Sehen jenseits reiner Sichtbarkeit.

Odilon Redons Lithographie *L'oeil comme un ballon bizarre se dirige vers l'infini* (Abb. 6) zeigt ein mit Wimperkranz besetztes Ballon-Auge, das in der Weite des Himmels über dem dunklen Horizont des Wassers schwebt. Das Auge ist aufwärts gerichtet und unterstreicht damit seine Ablösung vom Irdischen wie in einer gewollten Wendung zum Unendlichen. Die im 19. Jahrhundert als Zeichen des technischen Fortschritts gefeierte Ballonfahrt, die eine völlig neue Sicht auf die Welt ermöglichte, wird durch Redon ins Traumhaft-Visionäre verkehrt, indem es hier nicht mehr um die Erfahrung erweiterter, sensationeller Sichtbarkeiten geht.[14] Vielmehr schwebt der Ballon in die Leere des Himmels und über der Ödnis des Meeres, welche nichts zu sehen gibt, und beschreibt dabei zugleich symbolisch den vom analytischen Sehen befreiten, in die Ferne schweifenden Blick als „Aufforderung zu einer Reise ins Innere“[15].

Redons Einsatz des Auges steht paradigmatisch für die dem Symbolismus charakteristische Abwendung von der sichtbaren, äußeren Wirklichkeit. Die Hinwendung zu Welten jenseits des Sichtbaren, zum ‚inneren Auge' der Intuition und Vision, die hier manifest wird, kann als Antwort auf die wissenschaftliche Vermessung des Auges im

Abb. 6 Odilon Redon, L´oeil comme un ballon bizarre se dirige vers l´infini, 1882
Lithographie aus einem Edgar Allan Poe gewidmeten graphischen Zyklus

19. Jahrhundert und den Triumph des technisierten Sehens, aber auch auf die neuen visuellen Eindrücke einer zunehmend technisierten Welt gedeutet werden. Offenbar führte die Krise des Sehens zu einem gehäuften Auftreten des Augenmotivs in der Kunst,[16] welches man auch im Surrealismus findet. Dort erfährt diese Kritik eine zusätzliche Schärfe durch die Thematisierung des zerstörten Auges. Die Verletzungen und Destruktionen des Auges, wie sie zum Beispiel in den Werken von Max Ernst, Victor Brauner oder in den Filmen von Luis Bunuel gezeigt werden, geschehen dabei zugunsten einer Konstruktion neuer Realitäten, wie sie die Surrealisten proklamieren: „Der Angriff auf das Auge kommt einem Befreiungsakt gleich, in dem das ‚edelste' Organ seiner domestizierenden Funktion der Wiedergabe der äußeren Wirklichkeit entbunden wird, und nun im Zustand der Wildheit (*à l'état sauvage*) sich neuen Erkenntnishorizonten widmen kann.“[17]

Zu den surrealistischen Strategien gehören das Spiel mit sichtbaren, vertrauten Realitäten und ihre Umwandlung in ungewohnte und verstörende Anblicke. Ein Beispiel dafür sind die Collagen von Max Ernst, deren Material er der wissenschaftlichen und populären Bilderwelt entnahm (Abb. 7): Der ursprünglich einen ‚wissenschaftlichen Trick' illustrierende Druck aus der Zeitschrift *La Nature*, bei dem eine Kugel in scheinbar willkürlicher Geschwindigkeit einen gespannten Faden hinunter gleitet,[18] wird um 90 Grad gedreht, mit zusätzlichen Elementen versehen und verfremdet. Aus der Kugel wird ein nach vorne blickendes Auge, welches durch seine horizontale Achse auf einen Strick gefädelt ist, der von Händen gehalten wird. Mit der Durchstoßung des Auges durch den Faden steht neben seiner Zerstörung die bewusste technische Manipulation und Kontrolle des Organs im Vordergrund.[19] Wie eine Perle akkurat auf das Band gefädelt, wird das Auge zum Spielball der Hände.

Während in Spielbergs *Minority Report* das Auge zum Ball im System wird und sich im Moment seines Entgleitens die Erlösung vom Überwachungsstaat andeutet, bleibt die Frage nach dem Umgang mit der am Ende erreichten Freiheit jedoch ungeklärt. Bei Max Ernst verweist die Auffädelung des Auges dagegen auf die Idee eines neuen Sehens, welches in seinen surrealen Collagen zum Ausdruck kommt, die deshalb weit über das Happy End des Films hinausweisen.[20] Zugleich erinnert der bei ihm zum Auge verwandelte Ball an ein optisches Spielzeug des 19. Jahrhunderts, die Wunderscheibe, bei der durch schnelle Drehung optisch z. B. ein Vogel in den Käfig gesetzt werden konnte.[21] Das subjektive Sehen wird dabei als kreativer Akt zwischen Kontrolle und Befreiung in der Schwebe gehalten.

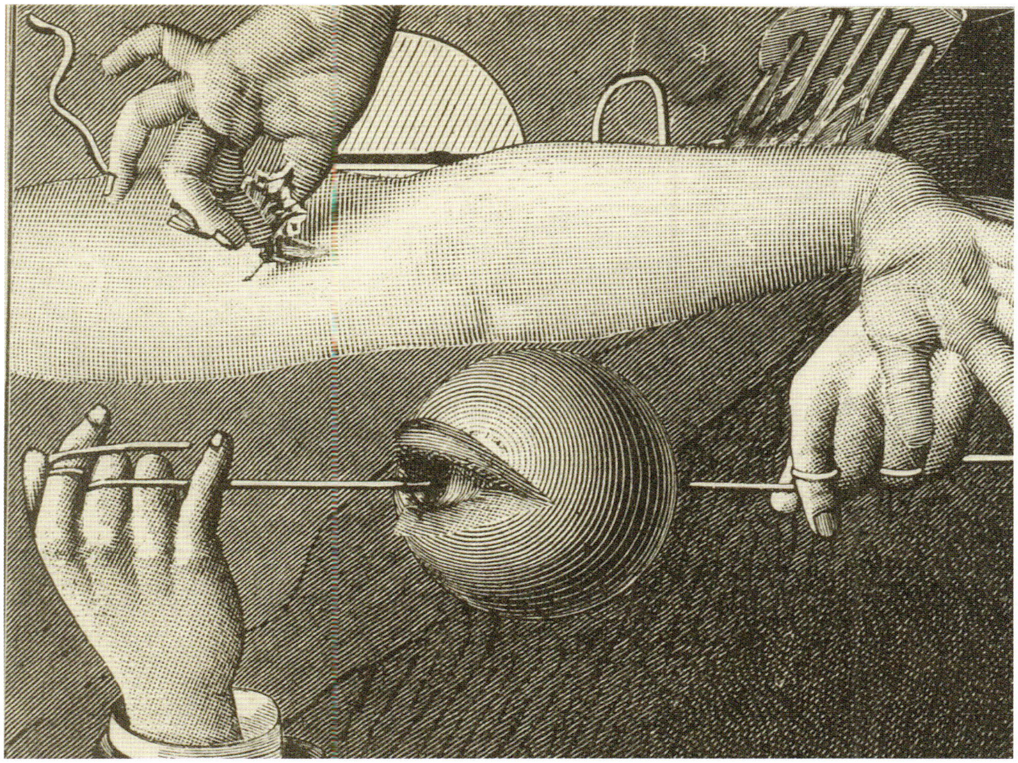

Abb. 7 Max Ernst, Umschlagvignette zu *Répétitions* von Paul Eluard, Paris 1922
Klischeedruck nach Collage, Holzstich, 7 x 9 cm, Staatliche Museen zu Berlin, Kunstbibliothek

1 Jacques Lacan, Die vier Grundbegriffe der Psychoanalyse, Seminar XI, Weinheim-Berlin 1996.
2 Jean-Paul Sartre, Das Sein und das Nichts. Versuch einer phänomenologischen Ontologie, Hamburg 2002, S. 465; vgl. hierzu Claudia Blümle, Anne von der Heiden (Hrsg.), Blickzähmung und Augentäuschung. Zu Jacques Lacans Bildtheorie, Berlin, Zürich 2005, S. 20.
3 Euklid, Katoptrik, zitiert nach Gérard Simon: Der Blick, das Sein und die Erscheinung in der antiken Optik, München 1992, S. 29.
4 Vgl. Simon, Der Blick (Anm. 3), S. 65ff.
5 Vgl. Nicholas J. Wade, A Natural History of Vision, Cambridge, Mass. 1998, S. 14. Die Schriften Ibn al-Haythams (latinisiert Alhazen) wurden von Witelo übertragen und 1572 zusammen mit dessen Perspectiva gedruckt. Vgl. David C. Lindberg, Alhazen's Theory of Vision and its Reception in the West, in: Isis, Nr. 58, 1967, S. 321-341.
6 Vgl. Samuel Y. Edgerton, Die Entdeckung der Perspektive, München 2002.
7 Zur Camera obscura als Modell des Sehens vgl. Jonathan Crary: Techniken des Betrachters. Sehen und Moderne im 19. Jahrhundert, Dresden, Basel 1996, S. 37ff.
8 Vgl. Wade, Natural (Anm. 5), S. 14.
9 Karl Clausberg, Neuronale Kunstgeschichte, Wien 1999, S. 10ff.
10 Hermann von Helmholtz, Handbuch der physiologischen Optik, Bd. 1, Hamburg-Leipzig 1909, S. 73.
11 Für Jonathan Crary ist der Einsatz neuer optischer Geräte und Vorrichtungen wie Fotoapparat, Stereoskop und Diorama Ausdruck einer neuen, modernen Betrachterhaltung. Vgl. Crary, Techniken, (Anm. 7).
12 Vgl. hierzu Horst Bredekamp, Angela Fischel, Birgit Schneider, Gabriele Werner: Bildwelten des Wissens, in: Bildwelten des Wissens, hrsg. von Horst Bredekamp und Gabriele Werner, Bd. 1: Bilder in Prozessen, Berlin 2003, S. 11ff.
13 Astrit Schmidt-Burkhardt sieht Voraussetzungen für die isolierte Darstellung des Auges in Darstellungen des anthropomorphen Gottesauges seit dem 17. Jahrhundert und den sogenannte Augenporträts um 1800, in welchen das Auge als kleinste individuelle Einheit als pars pro toto für den einzelnen Menschen stand. Siehe dazu Astrit Schmidt-Burkhardt, Sehende Bilder. Die Geschichte des Augenmotivs seit dem 19. Jahrhundert, Berlin 1992, S. 13ff, 19ff.
14 Vgl. Oktavia Christ, Odilon Redon. Visionen eines Künstlerpoeten, Berlin 1994, S. 14ff. und Schmidt-Burkhardt, Sehende Bilder (Anm. 13), S. 131f.
15 Christ, Redon (Anm. 14), S. 20
16 Schmidt-Burkhardt, Sehende Bilder (Anm. 13), S. 228.
17 Christiane Ladleif, Die Zerstörung des Auges. Ein Motiv des Surrealismus im Kontext der Histoire de l'Œil Georges Batailles, Weimar 2003, S. 359.
18 Siehe unter der Rubrik Récréations scientifiques: La Boule magique de Robert Houdin, in: La Nature. Revue des Sciences et de leurs Applications aux Arts et à l'Industrie, 1. Teil 1887, S. 114.
19 Vgl. hierzu auch Ladleif, Zerstörung (Anm. 17), S. 315ff.
20 Zum Thema des Sehens in Max Ernsts Werk und bei den Surrealisten vgl. Uwe M. Schneede: Das blinde Sehen. Zur Ikonographie des Surrealismus, in: Werner Spies (Hrsg.): Ausst.-Kat. Max Ernst. Retrospektive zum 100. Geburtstag, München 1991, S. 351-356.
21 Vgl. hierzu Ausst.-Kat. Ich sehe was, was du nicht siehst! Sehmaschinen und Bilderwelten. Die Sammlung Werner Nekes, Köln 2002, S. 342f.

Karl Friedrich Schinkel (1781–1841)
Die Königin der Nacht, 1815
Entwurf zur 2. Dekoration der Oper *Die Zauberflöte*
von Wolfgang Amadeus Mozart
Gouache, 42,3 x 61,6 cm
Staatliche Museen zu Berlin, Kupferstichkabinett,
Inv. SM 22c.121

Dank

Wir danken den Direktoren und Leitern der beteiligten Institutionen sowie ihren Mitarbeitern, die die Realisierung der Ausstellung durch ihre umfangreiche Unterstützung ermöglicht haben.

an die Leihgeber
Albertina Museum, Wien
Heiner Bastian
Filmmuseum Berlin, Deutsche Kinemathek
Friedrich Christian Flick Collection
Freie Universität zu Berlin, Abguss-Sammlung Antiker Plastik
Alexander Holl, Modern Graphics, Berlin
Humboldt-Universität zu Berlin: Charité – Universitätsmedizin Berlin, Centrum für Anatomie; Institut für Mikrobiologie und Hygiene; Johannes-Müller-Institut für Physiologie, Institut für Biologie/Vergleichende Zoologie; Museum für Naturkunde
Angelika Middenorf, Berlin
Deutsches Rundfunkarchiv, Berlin
Sammlung Marx
Sammlung Marzona
Sammlung Scharf
Staatliche Museen zu Berlin – Stiftung Preußischer Kulturbesitz: Ägyptisches Museum und Papyrussammlung, Antikensammlung, Ethnologisches Museum, Gemäldegalerie, Gipsformerei, Kunstbibliothek, Kunstgewerbemuseum, Kupferstichkabinett, Münzkabinett, Museum Europäischer Kulturen, Museum für Indische Kunst, Museum für Islamische Kunst, Museum für Ostasiatische Kunst, Museum für Vor- und Frühgeschichte, Nationalgalerie, Skulpturensammlung und Museum für Byzantinische Kunst, Vorderasiatisches Museum
Staatsbibliothek zu Berlin – Stiftung Preußischer Kulturbesitz
Marc Stephan, Berlin

an die Verfasser der Objekttexte
Sylvia Brehm, Herbert Butz, Charlotte von Frydag, Maria Gaida, Almut von Gladiß, Alix Hänsel, Giesela Helmecke, Alexander Hofmann, Rolf H. Johannsen, Ursula Kästner, Volker Kästner, Hans-Ulrich Kessler, Antje-Fee Köllermann, Gundula Lidke, Joachim Marzahn, Angelika Middendorf, Gabriele Mietke, Claudius Müller, Bettina Schaschke, Gerhard Scholtz, Klaus Stemmer, Marc Stephan, Wolfgang Steguweit, Christina Thomson, Konrad Vanja, Kati Weise, Olivia Zorn

an die Mitarbeiter unseres Ausstellungsteams
Tanja Bergmann, Matthias Bruhn, Vera Dünkel, Charlotte von Frydag, Bettina Gojowczyk, Marianne Henke, Astrid Holmgren, Rolf H. Johannsen, Günther Krüger, Nicola Locatelli, Wolfgang Matzat, Hans Pietsch, Bernd Rottenburg, Bettina Schaschke, Birgit Schneider, Thomas Schreiber, Helene Seewald, Cristina Steingräber, Christina Thomson, Ingo Valls

und an Gisela Holan, Andres Kilger, Petra Kude, Patrick Peternader, Joachim Rau, Rüdiger Timmermann

sowie an das Bildarchiv Preußischer Kulturbesitz

Ebenso geht ein Dank an Sylvia Weber, Kuratorin der Sammlung Würth.

Bildnachweis und Copyright

Abguss-Sammlung Antiker Plastik, Berlin: S. 19 o. (Foto Arne Thomsen)
Bayrische Staatsbibliothek, München: S. 106
Bildarchiv Foto Marburg: S. 74, 76
Bildarchiv Preußischer Kulturbesitz: Einbandvorderseite u., Vorsatz, Frontispiz, S. 11, 20, 27, 29, 32, 36, 42, 47, 53, 66-68, 71, 79, 82 f., 90, 105, 112 (Foto Jörg P. Anders); S. 18 (Foto Andres Kilger); S. 57 (Foto Jürgen Liepe); S. 81 (Philipp Allard); S. 97; S. 101, Nachsatz (Foto Iris Papadopoulos); S. 116 (Foto Reinhard Saczewski)
Charité, Universitätsmedizien, Berlin: S. 109 (Foto Andres Kilger)
Conner Contemporary Art Gallery, Washington D. C.: S. 94
Filmmuseum Berlin – Deutsche Kinemathek: S. 19 u.
Heiner Bastian Fine Art, Berlin: S. 9, 58
Herzog Anton-Ulrich Museum, Braunschweig: S. 93 u. (Foto Bernd-Peter Keiser)
Humboldt-Universität zu Berlin, Institut für Biologie/Vergleichende Zoologie: S. 56 (Foto Andres Kilger)
Jeff Koons LLC, New York: Einbandvorderseite o. und S. 69
Angelika Middendorf: S. 46
Museo della Città, Palazzo San Sebastiano, Manuta: S. 15
Museum für Kunst und Gewerbe, Hamburg: S. 92
Museum für Moderne Kunst, Frankfurt am Main: S. 95 (Foto Axel Schneider, Frankfurt am Main)
Museum für Naturkunde der Humboldt-Universität zu Berlin: S. 31 (Foto Vera Heinrich); S. 34
Niedersächsische Staats- und Universitätsbibliothek Göttingen: S. 103
Rheinische Bildarchiv, Köln: S. 93 o.
Rijksprentenkabinet, Amsterdam: S. 91
Staatliche Kunstsammlungen Dresden: S. 86 o.
Staatliche Museen zu Berlin, Preußischer Kulturbesitz – Antikensammlung: S. 49 o., 61 (Foto Johannes Laurentius) – Ethnologisches Museum: S. 37 (Foto Martin Franken) – Gipsformerei: S. 52 – Kunstbibliothek: S. 28, 30, 115 (Foto Dietmar Katz); S. 35 – Kunstbibliothek, Museum für Fotografie: S. 89 – Kupferstichkabinett: S. 24, 38, 40, 49 u. (Foto Jörg P. Anders); S. 80 (Archiv) – Münzkabinett: S. 39 (Foto Reinhard Saczewski) – Museum Europäischer Kulturen: S. 23 (Foto Sandra Steiß); S. 50 – Museum für Indische Kunst: S. 22, 45, 54, 55, 98, 99 o. und u. – Museum für Islamische Kunst: S. 25 (Foto Georg Niedermeiser); S. 41 – Museum für Kunstgewerbe: S. 62 (Foto Saturia Linke) – Museum für Ostasiatische Kunst: S. 21, 44, 64 (Foto Jürgen Liepe); S. 65 – Museum für Vor- und Frühgeschichte: S. 60 (Foto Claudia Plamp) – Nationalgalerie: S. 48 (Foto Jörg P. Anders); S. 59 rechts (Foto Andres Kilger) – Skulpturensammlung und Museum für Byzantinische Kunst: S. 51 (Foto Jörg P. Anders); S. 63
Staatsbibliothek zu Berlin, Preußischer Kulturbesitz: S. 33, 43, 73, 111 o.
STADApharm; S. 10
Marc Stephan, Berlin: S. 59 links

Die Abbildung im Beitrag von Horst Bredekamp S. 13 wurde dem Buch People's Sports Publishing House (Hrsg.): Zhongguo gudai tiyu - Sports in Ancient China, Beijing 1986, entnommen; die Abbildungen im Beitrag von Claus-Peter Haase, S. 86 links und S. 87 wurden dem Ausstellungskatalog L'Âge d'or des sciences arabes, Institut du Monde Arabe, Paris 2005, entnommen.